오행으로 읽는
얼굴 소통
심리학

누구나 끌리는 얼굴이 될 수 있다

오행으로 읽는

木　火　土　金　水

얼굴 소통
심리학

김서원 지음

문예춘추사

관계는 얼굴에서 시작된다

우리는 일상에서 무수히 많은 얼굴을 만난다. 거울 속의 내 얼굴부터 TV 속 연예인 얼굴, 길가에서 마주치는 얼굴들까지 일일이 헤아리기 어렵다. 누구를 어떤 목적으로 만나든 맨 처음 보는 것은 얼굴이다. 얼굴은 삶을 담는다. 기쁜 일이 많으면 웃는 근육을 자주 쓰고, 화나는 일이 많으면 화를 표현하는 근육을 자주 쓰게 된다. 특정 근육을 얼마나 많이 썼는지가 얼굴 안에 다 담긴다. 그래서 무의식 중에 얼굴로 상대를 판단하는 경우도 있다.

예나 지금이나 얼굴로 사람을 읽는 일은 흔하다. 오래전부터 얼굴을 체계적으로 읽어 주는 관상학이 존재했다. 우리는 알게 모르게 관상학, 음양오행에 대해 말하고, 무언가 결정하는 데 이들의 도움을 구한다. 쉰을 앞둔 지인 사업가가 내게 말했다. "얼굴을 보니 어떤 사람인지 짐작이 가네요. 짐작이 맞는 경우도 많아졌고요. 제가 나이 먹었다는 뜻이겠죠?" 나는 링컨의 말을 인용해서 답해 주었다. "마흔 넘으면 자기 얼굴에 책임지라고 했습니다."

수천 년이 지나도 사라지지 않은 것은 고금을 막론하고 유용하기 때문이다. 사라지지 않은 것은 제자리에 머물기보다 끝없이 재해석되며 진화한다. 관상학(觀相學)과 음양오행(陰陽伍行)이 바로 그런 존재다. 관상학은 문명사를 통틀어 줄곧 번성했으며 지금까지 강력한 영향력을 행사한다. 동양에서는 얼굴로 길흉화복을 점치는 예언적 관상이 발달한 반면 서양에서는 성격, 감정, 지성 등을 파악하는 성격 분석적 관상이 발달했다. 오랜 시간 전해져오고 사라지지 않은 것은 반드시 존재 가치가 있다.

나는 20대 초반부터 방송국 메이크업 아티스트로 활동했다. 수많은 얼굴을 보고, 만지며, 꾸몄다. 백이면 백 모두 다른 얼굴을 보며 일정한 규칙이 있으리라 짐작했다. 시간이 흐를수록 얼굴 너머에 숨은 누군가의 인생, 성격, 습관, 주변 인간관계 등이 보이기 시작했다. 얼굴에 대한 지적 호기심이 강해졌고, 체계적으로 지식을 배우기 시작해 어느덧 27년 넘게 얼굴과 관련된 일을 해왔다. 강의, 컨설팅, 코칭, 책 출간 등을 하며 나름 오랜 기간 얼굴을 공부한 끝에 '사람'이 있음을 느낀다.

얼굴 읽기는 곧 사람 읽기이고 얼굴을 읽기 전에 사람부터 알아야 한다. 사람과 소통하는 직업군이라면 상대를 빨리 파악하기 위해 얼굴이 주는 무수한 메시지를 읽을 필요가 있다. 그런 직업군이 아니라도 가족, 동료 등 인간관계에서 일어나는 일들을 원활히 처리하려면 얼굴을 읽어야 한다.

얼굴을 읽기 위해 얼굴과 음양오행의 접점을 찾고 싶었다. 그래서 동양철학의 기본원리인 음양오행이론을 관상학에 도입했다. 무수한 메시지가 있는 얼굴 형태를 다섯 가지로 분류하고 성격, 기질, 건강, 운명의 길흉, 인간관계를 분석했다. 사람의 얼굴을 면밀히 살펴보면 거기 하늘과 땅의 형상, 음양오행의 이치가 고스란히 담겨 있다. 음양오행을 알면 선천적 기운과 기질을 알 수 있으며, 기질에 맞는 재능, 적성까지도 알 수 있다.

음양오행으로 인간의 얼굴을 유형화하는 일이 쉽지만은 않았다. 책을 집필하면서 에너지의 7할은 기준을 정하는 데 소비했다. 사람의 얼굴 안에는 보통 두 가지 이상의 기운이 섞인 경우가 많다. 똑같은 얼굴이 없듯 똑떨어지는 기준을 정하기는 어렵다. 그래도 학문적 연구, 강의나 컨설팅을 하며 쌓은 실전 데이터 기반으로 기준을 세웠다. 『고전상법』에 나오는 어려운 개념은 최대한 풀어 썼다. 책의 실용성을 높이고자 소통, 얼굴 심리학을 다루었다. 그럼에도 이 책에 난해한 부분이 있다면 필자의 역량 부족임을 밝혀 둔다.

관계가 어려운 건 연습은 없고, 오직 실전만 있기 때문이다. 관계 속에서 때론 울고, 때론 웃고, 지지고 볶고 싸울 때도 있다. 관계는 다층적이고 복합적인데다 관계가 무너지면 몸도 마음도 무너지기 십상이다. 살아가는 동안 나와 기질이 맞는 사람 위주로 만나면 금상첨화겠지만, 그러기는 쉽지 않다. 이때 '얼굴 오행'을 기반으로 상대의 성향을 파악하고 있다면 소통이 수월해질 것이다. 내 시간과 에너지를 지키는 것은 물론 상대방의 시간과 에너지도 지켜줄 수 있을 것이다.

관계는 본인의 타고난 성품과 노력에 의해 달라진다. 후천적으로 개선시킬 수 있다. 타고난 얼굴은 변화시키기 힘들지만, 이미 가진 것을 발전시키는 것은 개인의 몫이다. 책이 인간관계를 풀어내는 데 작게나마 일조하기를 희망한다.

첫 책《끌리는 얼굴의 숨겨진 비밀, 페이스 리딩》출간 이후 다양한 영역에서 활동할 수 있었다. 줄탁동시(啐啄同時) 관계의 스승 송지환 교수님, 언제나 든든한 인생 멘토 박지호 사장님, 동양철학과 기업 경영을 접목해 인사 조직 공부에 많은 도움 주신 이성우 대표님, 나이를 떠나 친구로 지내는 윤석일 작가님에게 감사를 전한다. 어려운 여건에서 얼굴 경영학의 대중화를 위해 분투하는 모든 선후배님들께도 지면을 빌려 감사를 전한다.

얼굴 읽어주는 여자,
김서원

Part 3

얼굴로 소통하는 법

Part 4

첫인상을 버리고
인상을 살펴라

타인의 본 모습은
그가 그대에게 보여주는 데 있는 것이 아니라
그가 그대에게 보여줄 수 없는 부분에 있습니다.
그러므로 그대여,

타인을 진정 이해하고자 한다면
그가 하는 말을 듣지 말고
그가 하지 않는 말에
귀를 기울이십시오.

— 칼릴 지브란

왜 얼굴인가

사람의 마음은 얼굴을 통해 나타난다.
상대방과 진정으로 소통하기 위해서 우리가 가장 먼저 해야 할 일은
얼굴을 통해 나타나는 그 마음을 읽는 일이다.

얼굴은 거짓말하지 않는다

━━ 왜 얼굴을 읽게 됐을까? ━━

살아가는 동안 우리는 수도 없이 많은 사람들을 만나면서 자기 나름대로의 느낌을 갖는다. 빼어난 미모는 아니지만 자신도 모르게 마음이 끌리는 사람이 있는가 하면, 얼굴은 잘생긴 듯하지만 왠지 호감이 가지 않고 꺼림칙한 느낌이 드는 이가 있다.

사실 우리가 상대방의 얼굴에 이러쿵저러쿵 평을 할 수 있는 이유는 얼굴 인식 능력을 갖고 있기 때문이다. 그런데 얼굴 인식은 누구나 쉽게 잘하는 것처럼 보이기 때문에 이 능력이 얼마나 대단한지 실감하기 어렵다. 하지만 얼굴 인식이야말로 인간만이 가진 매우 전문적이고 특수한 지각 능력이다.

우리는 상대방의 얼굴을 인식하는 능력을 갖고 있어 사회적인 동물로 진화할 수 있었다. 복잡한 사회에서 남의 얼굴을 잘 기억해 둬야 그 사람이 나의 동지인지 적인지 판단할 수 있기 때문이다. 조선시대 정조 임금은 인재를 등용할 때 꼭 관상을 보았는데(『정조이산어록』) 그 이유를 묻는 질문에 대해 이렇게 말했다.

"내가 사람의 관상을 보는 것은 변별할 수 있는 생김을 보는 것이 아니다. 대체로 마음이 화평하면 기운이 화평해지고, 기운이 화평해지면 자연히 그것이 얼굴과 모습에 나타나 숨길 수 없게 된다. 이것을 미루어 사람을 보면 십중팔구 틀리지 않는다."

사람의 마음은 얼굴을 통해 나타난다. 그래서 마음이 편안한 사람은 얼굴에 화평한 기운이 감돈다. 이와 비슷한 일화는 미국의 16대 대통령 링컨에게서도 찾을 수 있다.

링컨이 대통령이 된 뒤 내각 구성을 위해 필요한 사람들을 선택할 때, 비서관에게서 어떤 사람을 추천받았다. 그때 링컨은 그 사람과 인터뷰를 진행하고 한마디로 거절했다고 한다. 그 이유를 묻자 링컨은 그 사람 얼굴이 마음에 들지 않는다고 했다. 거절 이유를 듣고 황당해진 비서관은 이렇게 반문했다.

"하지만 그 사람이 자기 얼굴까지 책임질 수는 없지 않습니까? 얼굴이야 부모님이 만들어준 것이니 어쩔 수 없는 일 아닌가요?"

비서관의 말을 들은 링컨이 말했다.

"아니, 그렇지 않다네. 뱃속에서 나올 때에는 부모님이 만들어주신 얼굴이지만 그다음부터는 자신의 얼굴은 자신이 만드는 거라네. 나이 사십이 넘으면 모든 사람은 자기 얼굴에 책임을 져야 하는데,

——— 얼굴 소통 심리학

그 사람의 얼굴은 온통 불만과 의심으로 가득 차 있고 엷은 미소 한 번 짓는 걸 볼 수 없다네. 그런 사람은 아무리 실력이 있다고 해도 마음을 맞춰 함께 일하기는 힘든 사람이라고 생각하네."

그래서 링컨은 '사람은 나이 40세가 되면 자기 얼굴에 책임을 져야 한다'는 명언을 남기게 된 것이다. 또한 영원히 변치 않는 참된 우정을 뜻하는 고사성어 '관포지교'로 유명한 관중은 정보의 중요성을 누구보다 빨리 깨달은 인물로, 천하를 주유하면서 백성의 얼굴을 보고 국정을 파악하는 '관상정치'를 폈다. 백성들 얼굴 표정에서 조세나 부역이 얼마나 정당한지 아닌지를 알아낸 것이다.

중국 당나라 때는 관리의 선발 기준을 '신언서판(身言書判)'으로 정하고, 가장 먼저 풍채와 용모를 보았다고 한다. 몸, 말씨, 글씨, 판단력이라는 기준에서 몸이 맨 앞에 오는 것은 의미심장하다. 몸 중에도 첫인상을 좌우하는 것은 얼굴이다. 옛 사람들은 '용모 80'이라고 했다. 이 말은 곧 한 사람의 얼굴 모습만을 보고도 그 사람의 인격과 품위를 8할 정도 짐작할 수 있다는 뜻이다.

── 얼굴은 바로 우리의 자서전 ──

내 얼굴은 이미 오래전부터 그리고 지금 이 순간에도 만들어지고 있다. 이러한 점에서 동양에서는 오래전부터 관상(얼굴의 생김새)을 중요하게 여겼음을 알 수 있는데, 신라시대 때 우리나라에 들어온 관상은 조선시대에 들어와서 더욱 유행하여 관상학으로 발전하고 현재까지도 그 영향을 미치고 있다.

그럼 우리의 얼굴은 어떻게 생겨나는 것일까? 우리는 두 개의 얼굴을 갖고 있다. 하나의 얼굴은 이 세상에 태어날 때 가지고 나온 부모님이 주신 얼굴이다. 어머니의 뱃속에서 먼저 오장육부가 생기고 오장육부의 에너지와 생김에 의해서 얼굴이 만들어진다. 그래서 나의 얼굴은 부모의 생김새와 성품을 그대로 닮아 나오게 된다. '콩 심은 데 콩 나고 팥 심은 데 팥 난다', '생긴 대로 산다'는 속담이 여기서 나온 것이다.

두 번째 얼굴은 내가 만드는 얼굴이다. 얼굴은 태어날 때 모습을 그대로 유지할 수 없다. 나의 생각과 행동과 사는 방법과 환경에 따라 표정이 형성되고 근육의 변화를 가져와 그 얼굴 속에 본인의 운명과 삶의 방향 등이 나타나게 되는 것이다. 내가 어떻게 살았느냐에 따라서 나의 얼굴도 달라진다.

얼굴은 우리가 살면서 사랑하면서 또 걱정하면서 겪은 모든 것들을 드러낸다. 우리가 행동해온 방식과 생각해온 것들이 모두 얼굴에 나타나는 것이다. 얼굴은 바로 우리의 자서전인 셈이다. 이는 한 사람의 얼굴은 그 사람의 겉모습일 뿐 아니라, 그 사람이 살아온 삶의 궤적을 담아 반영하기 때문이다. 그래서 마흔이 넘은 얼굴은 그 사람의 '인생 이력서'와 같다고도 말하는 것이다.

사람들은 누구나 단순한 미모의 판단이 아니라 어느 정도는 얼굴 생김새를 통해 그 사람의 '됨됨이'를 파악하는 능력을 지니고 있다. 사람에 따라 개인차가 있고 나이에 따라 안목이 달라지기도 하지만, 기본적으로는 모두 나름대로의 '보는 눈'이 있게 마련이다.

인간은 '마음을 쓰며' 살아가는 존재요, '생각을 하며' 행동하는 존재이다. 아무리 자신이 감추고자 하여도 사람에게는 누구나 타고난 천성이 있게 마련이며, 이러한 자신의 마음과 생각과 지금까지 살아온 삶의 모습들이 얼굴을 통해 드러나게 마련이다. 따라서 우리는 얼굴을 통해 그 사람을 '읽을 수' 있는 것이다.

·── 얼굴에 담긴 음양오행 ──·

일정한 나이가 되면 상대의 말과 행동, 외모만으로 상대를 어렴풋이 알 수 있다. 그동안 수없이 이루어졌던 만남과 헤어짐 속에서 일정한 패턴을 인식하게 된 것이다. 그중 얼굴에는 그동안 살아온 상대방의 패턴이 가장 인상적으로 들어 있다. 그동안 살아온 이력이 얼굴에 담겨진 것이다. 사람의 이력을 만드는 건 마음이다. 그래서 '얼굴은 심성'이라 말한다. 우리가 처음 만난 사람도 어렴풋이 판단할 수 있는 건 얼굴이 그 사람의 마음이기 때문이다.

얼굴을 읽기 전 알아야 하는 음양오행은 동양사상의 원천이다. 동양사상은 드넓은 우주가 사람 안에 있다고 한다. 얼굴을 읽는다는 건 마음의 원천을 읽는 일이며, 우주를 읽는 일이다.

중국 최고의 의학서인 『황제내경』에 수록된 음양오행 관상법은 사실 황제의 건강을 위해 발달한 상(相)법이다. 내시경이 없던 시절이니 장기의 상태를 알 수가 없어 얼굴에 드러난 형태와 빛깔로 내부의 허와 실을 파악했다. 다른 한편 황제의 성격과 기질을 파악하는 데도 이용됐다. 물론 국정을 위한 방편이었을 것이다.

관상학의 대표적 고서인 『마의상법』과 『유장상법』에서도 얼굴유형과 성격의 특성을 음양오행설과 대응시켜 논하고 있다. 즉, 얼굴의 형태를 사상과 다섯 가지 사물을 표상하는 오행(목, 화, 토, 금, 수)의 형상과 연관지어 얼굴유형을 분류하고 성격과 특징을 분석한 것이다.

사람의 형상을 면밀히 살펴보면 하늘과 땅의 형상과 음양오행의 이치를 고스란히 담고 있다. 모든 사물은 속도가 날 때 열을 내며 화를 발산하여 에너지를 소모시키니 양의 기운을 타고난 사람은 급하며 체질적으로 마른 사람이 많고 가만히 머물러 있기보다는 쾌활하고 낙천적이며 매사에 일처리가 신속하고 사무실 안에서 하는 업무보다는 직접 현장에서 자기 눈으로 확인하며 발로 뛰는 일이 적합하다.

이들은 다소 다혈질의 성격으로 열을 받으면 바로 발끈하기도 하지만 언제 그랬냐는 듯이 금방 새롭게 시작하는 사람도 많다. 모험심이 많고 직선적이고 행동력과 실천력이 있어 성공하나 곧이어 실패가 따르는 등 성패가 자주 엇갈린다.

반면 음의 기운을 타고난 사람은 느긋하여 활동하는 면이 적고 침체되어 안정적인 것을 지향하니 에너지 소모가 적고 저장됨이 많아 신체가 풍만하다. 욕심이 많고 자기 속을 감추며 사색적이나 주로 이기적 사색을 많이 한다. 말하기보다는 우회적으로 돌려서 부드럽게 유도해 나가는 편이며 참을성과 끈기가 강하다. 또한 식사하러 갈 때에도 질보다 양을 중시하는 타입으로 비싼 소갈비보다 양껏 먹을 수 있는 돼지갈비를 더 선호하는 타입이다.

사람의 얼굴과 체형을 오행의 특징에 맞추어 다섯 가지 유형으로 구분하는 것을 '오행관상'이라고 한다. 관상에서 음양오행이 중요한 이유는 이 세상에는 크게는 남자와 여자로, 작게는 각기 다른 여러 유형의 사람들이 있어 그들과 어울려 살아야 하기 때문이다. 얼굴에서 들어가고 나온 음양의 균형과 각 부분의 어울림인 오행의 조화를 알면 상대방과 자신이 맞는지 안 맞는지 한눈에 알 수 있다. 오행관상은 그 사람의 성격을 말해주는 동양의 성격 이론이라 하겠다.

·── 본질은 어렵지 않은 법 ──·

물론 얼굴을 이렇게 다섯 가지 유형으로 나누는 것은 그 얼굴에 따르는 두드러진 특성을 말하는 것이지 모든 것을 똑떨어지게 오행대로만 나누어 규정할 수 있는 것은 아니다. 얼굴에는 오행의 특성이 두드러진 경우도 있으나 보통 두 가지 이상의 기운이 섞여 있는 경우가 더 많다. 예를 들면 얼굴은 목형이면서 체형은 수형에 가까운 경우도 있다.

한 가지 오행의 기운을 뚜렷하게 타고난 것을 진체(眞體)라고 하는데 기본적으로 다섯 가지 형상 중 어느 것이라도 하나의 형상을 뚜렷하게 타고날수록 좋다. 가령 토형이라면 다른 것과 섞이지 않은, 순수한 토의 형상만을 강하게 타고나는 것이 좋다는 뜻이다. 그 오행의 모양에 따른 좋은 특성이 강해져 부귀가 더욱 확실해지므로 그 형상이 지닌 좋은 점만을 부여받게 되는 이치이다.

어느 한두 가지의 오행 형상이 뚜렷하게 자리를 잡고 있으면 나의 정체성을 탐구하는 데 훨씬 더 유리하다. 기질과 개성, 색깔이 명확하기 때문이다. 반면에 오행이 두루두루 섞여 있으면 무난하긴 하지만 특징이 명료하지 않아서 오히려 더 헷갈릴 수 있다.

또한 다른 형상과 혼합되었더라도 상생하는 형상끼리 혼합되었으면 좋지만, 상극하는 형상끼리 혼합된 체형은 좋지 않다. 예를 들면 목형의 기운을 많이 타고난 사람이 수형이나 화형을 겸한 것은 서로 상생하기 때문에 괜찮지만, 토형과 금형을 겸했다면 상극이므로 해롭다고 볼 수 있다.

하지만 인간관계의 궁합은 상생만 좋은 것이 아니라 때로는 상극관계가 더욱 좋을 수도 있다. 상극이 되어야만 스파크가 튀고 스파크가 튀어야만 잠재능력이 발휘되는 경우도 많다. 돼지고기와 새우젓은 상극이지만 결과적으로 상생인 것처럼 말이다.

자연의 이치를 논의한다는 건 심오하고 철학적인 일이라는 생각이 든다. 하지만 본질은 너무나도 단순하고 어렵지 않다. 맞음에서 시너지가 나오고 맞지 않음에서 새로운 기회가 나오는 것처럼 말이다.

자연은 우주 속에 있고 우주를 담은 것이 얼굴이다. 얼굴을 읽는 일을 어렵게 생각할 수 있지만 우리는 이미 항상 접하는 자연처럼 이미 그에 대해서 일정 정도 알고 있다. 자연과 함께 우리가 항상 접하는 것이 나와 상대의 얼굴이 아닌가 말이다. 나와 상대의 얼굴을 자연스럽게 읽는다면 모든 일에서 조화를 이루어낼 수 있을 것이다.

·── 나를 아는 힘, 얼굴이 모든 것을 말한다 ──·

우리가 흔히 말하는 얼굴은 '얼(魂)'이 머물고 지나가는 일곱 개의 동굴집합체(窟)라는 어원을 갖는 말이다. 얼은 하루아침에 나오지 않는다. 그 사람의 평소 생각, 습관, 언어에서 나온다. 그래서 거짓으로 꾸밀 수 없다. 말과 표정에서는 거짓으로 포장할 수 있어도, 얼굴 자체로는 거짓으로 꾸밀 수 없다. 그래서 얼굴은 사람의 진실을 보는 창구이기도 하다.

사람 속에 쌓여 있는 것이 외적으로는 얼굴 형태를 만들고 내적으로는 몸속 여러 기관의 크고 작음, 강하고 약함, 실하고 허함을 만든다. 몸은 집이고 오장육부는 집안의 구조이며 얼굴은 집 안팎의 기운이 통하는 통로이다.

얼굴은 시대를 막론하고 인간관계에서 비켜갈 수 없는 중요한 핵심이며 그 사람을 이해할 수 있는 길이다. 그러므로 현명한 사람이라면 서로의 소통에 꼭 필요한 소중한 정보를 담은 얼굴을 무심코 보아 넘길 수 없다.

사주팔자에도 음양오행이 존재하듯 관상에도 음양오행이 존재한다. 얼굴형, 골격, 이목구비, 피부의 기색 등에 따라 사람마다 좋아하는 것이 다르고 선택하는 기준도 다르다. 이를 오행의 관점에서 비추어 인간의 성격을 해석한 것이 얼굴 오행이다. 목(木), 화(火), 토(土), 금(金), 수(水) 오행의 기운 중에서 어떤 기운을 많이 받고 태어나 자랐는지에 따라 내 몸에 맞는 음식은 물론 내가 잘할 수 있는 재능과 적성도 알 수 있다.

인간은 태어날 때부터 저마다의 성격과 오행의 기운을 타고나기도 하지만 자라면서 맺은 인간관계와 사는 방법과 환경과의 사회적 상호작용의 결과로 오행의 기운을 새로 얻기도 한다. 그로써 내 몸 안에 흐르는 오행의 기운이 뒤바뀌기도 하는 것이다.

주어진 운명을 재창조하려는 노력의 결과, 어떤 인생관을 가지고 삶을 살아가는지에 따라 얼굴이 변하는 것이며, 또 거꾸로 얼굴이 변하면 삶의 방향도 변하게 된다.

·— 얼굴을 알면 더 이상 위태로운 일은 없다 —·

페이스 리딩, 즉 얼굴을 읽는 것은 시각에 의존하는 작업이므로 대상은 반드시 꼴이 있어야 한다. 모든 사물에 꼴이 있듯이 사람의 얼굴도 다양한 꼴을 가지고 있어 그 다양한 사람의 얼굴을 오행의 형상으로 이야기하자면 오행의 시각화 작업이 이루어져야 하며 꼴은 다시 오행 형상으로 이루어져야 한다.

인상학에서는 얼굴형을 오행의 원리에 따라 목형(木形), 화형(火形), 토형(土形), 금형(金形), 수형(水形)으로 구분한다. 모든 오행의 형상은 긍정적인 것이며 나름의 방식으로 독특한 장점과 능력을 지니고 있기에 최고의 형이라는 것은 없다. 자신의 기질과 본질을 바꿀 필요도 없다. 그리고 딱 한 가지 오행 형상으로 정의할 수 있는 사람도 없다. 사람은 오행 형상을 융통성 있게 바꾸어 각기 다른 상황에 적응하는 능력을 지니고 있는 것이다.

우리는 자신도 잘 모를 때가 많은데 타인의 마음을 알기 위해 많은 노력을 기울인다. 하지만 자신을 먼저 알지 못하고 타인을 이해하기란 사실상 매우 어렵다. 그 사람의 말과 행동이 불편하거나 이해가 되지 않는 일도 다반사로 일어난다. 그러면 어김없이 '저 사람은 이상한 사람'으로 낙인을 찍기도 한다. 남이 주는 자극과 내가 하는 반응 또는 그 반대의 경우에도 가장 먼저 나에 대한 이해가 있어야 소통은 일어난다.

현대 사회의 많은 사람들이 소통이 어려워 스트레스를 받고 산다. 직장이나 가정에서는 물론 많은 대인관계에서 불통으로 인해 답답함을 하소연하는 사람들이 많다. 그 답답함을 해소하려면 먼저 사람을 읽을 줄 알아야 한다.

소통을 잘하기 위해서는 무엇보다 나와 소통이 잘되는 사람을 만나면 좋겠지만, 소통되지 않는 상대를 만나도 얼굴 속 오행 형상의 기질을 읽고 맞춰 나가면 된다. 다만 그전에 선행되어야 할 일이 나를 알고 내가 가진 단점을 보완하는 것이다. 지피지기 백전불태,

상대를 알고 나를 알면 백 번 싸워도 위태롭지 않다고 하지 않던가?
내 얼굴과 상대의 얼굴을 알면 결코 삶에서 위태로운 일은 없을 것
이다. 인간관계에서 위태롭지 않다는 것은 큰 지혜이자 힘이다.

　이제 본격적으로 얼굴의 생김새와 겉모습으로 각 유형의 성향과
기질을 알아보자.

　　　　　　　　　　　　　　　　　　　── 얼굴 소통 심리학

얼굴을 이해하는 프레임,
음양오행

─── 세상을 이루는 두 가지, 음양 ───

"세상은 두 가지로 이루어졌다."

우리가 일상에서 종종 하는 말로, 각론을 모아 총론을 보면 세상의 모든 것은 대부분 두 가지로 이루어졌다는 말이다. 즉 남성과 여성, 밤과 낮, 선과 악, 밝음과 어둠 등이 그렇다. 이러한 구조를 동양 문화권에서는 음양(陰陽)으로 표현한다.

반면에 오행은 그렇게 자주 사용되지는 않지만 점을 보거나 사주팔자를 분석하고자 하면 목, 화, 토, 금, 수라는 다섯 가지 분류를 맞이하게 된다. 누구는 나무이고 누구는 금이므로 서로 사이가 좋지 않다, 또는 싹이 돋아나는 시기인 봄에 태어난 나무는 기운이 강하다, 겨울에 태어난 나무는 이미 잎도 다 떨어지고 앙상한 가지만 남아 있으니 초라해 보인다는 식이다.

동양문화에서 만 가지 사태와 사물을 인식하고 판단하는 사유체계는 음양오행을 근간으로 한다. 음양오행은 만물이 존재하고 변화하는 법칙으로 우리 생활 전반에 깊숙이 뿌리 내리고 있다. 우리가 세고 있는 요일, 이름을 지을 때 쓰는 돌림자, 계절, 그리고 우리 몸의 오장에도 존재하고 있다. 그래서 만물과 자연이 유지되는 이치라 하는 것이다.

일단 우리가 살고 있는 곳은 지구이니 지구를 중심으로 7가지를 이해해보자. 이 세상에는 해와 달이 있어 우리는 뜨거운 양의 기운과 상대적으로 차가운 달의 기운을 매일 받아가며 살아가고 있다.

해가 없으면 만물이 얼어 살 수 없다는 것은 누구나 아는 사실이다. 달이 없어도 큰 문제가 발생한다. 제일 큰 문제는 지구의 움직임이 균형을 잃는다는 것이다. 지구는 지축 대비 23.5도 기울어져 자전을 하면서 태양 주위를 공전하고 있는데 달이 없다면 마치 잘 돌던 팽이가 중심을 잃어 기울어지듯 지구는 비틀거리며 좌우로 흔들릴 것이다. 하지만 달의 인력으로 인해 안정된 궤도를 유지하며 자전을 하고 있는 것이다. 또한 달이 없으면 밀물과 썰물이 없어진다. 그러면 지구의 바다는 마치 고요한 호수처럼 되어 고인 물이 썩듯 해양 생태계가 사라질 것이다.

우리는 너무 당연한 것이라 생각하고 살면서 해와 달의 중요성을 망각하고 있다. 눈에 보이지 않는다 하여 해와 달이 지구에 미치는, 그리고 우리 인간에게 미치는 영향을 잊어서는 안 된다.

——— 얼굴 소통 심리학

·── 소통을 위한 준비로서의 오행 ──·

해와 달의 영향으로 지구에는 대기가 형성되고 만물이 하나 둘씩 생겨나게 된다. 여기서 지구에 존재하는 모든 만물은 크게 다섯 가지 부류로 구분된다. 목, 화, 토, 금, 수라 하는데 이것은 단순히 나무, 불, 흙, 쇠, 물이라는 물상 자체로 분류한 것이 아니다. 이는 이해를 돕기 위해서 비유한 것일 뿐, 다섯 가지 성질(기운)로 표현하는 것이 더 적절할 것이다.

뭔가를 새롭게 생기도록 하는 성질(목), 탄생한 것을 확산하는 성질(화), 확산을 멈추고 수렴하려는 성질(금), 응축하여 저장하려는 성질(수)과 이 과정을 중재하는 성질(토)이다.

'귀에 걸면 귀걸이, 코에 걸면 코걸이'라고 할 수도 있지만 우주의 모든 것은 태어나서 성장하고 쇠퇴한 후 죽음을 맞이하는 과정을 겪는다고 볼 수 있고, 이런 관점에서 5가지 성질로 만물을 구분할 수 있다고 전제하는 것이다.

오행 중에서 목과 화는 성장을 하는 성질이므로 양으로 표현된다. 금과 수는 수렴을 하는 성질이므로 음으로 표현되고, 토는 양에서 음으로 전환되는 과정을 중재하고 완성시키는 역할을 한다.

오행의 영향을 받는 가장 확실한 것이 사계절이다. 봄에 싹이 솟아나고 성장하여 여름이면 가지와 잎이 무성하게 뻗어나가고 가을이 오면 결실을 맺기 위해 불필요한 잎사귀들이 제거되고 겨울이면 생장을 멈추고 휴식에 들어가는 것. 이와 같은 오행의 운동에 의하여 우리는 매년 계절을 맞이하고 살아가는 것이다.

아래 표에서와 같이 인생을 계절에 비유해 갓 태어나 성장하는 유아기, 무럭무럭 자라나는 청소년기, 하나의 완성된 인격체로서 성숙해지는 장년기, 기운이 쇠퇴해지는 중년기와 죽음을 맞이하는 노년기로 구분해보면 각기 오행의 성질과 잘 맞아떨어진다.

오행	계절	인생
목(木)	봄	유년
화(火)	여름	청년
토(土)	환절기	장년
금(金)	가을	중년
수(水)	겨울	노년

음양오행은 이런 것이다. 누구나 한번쯤 우리의 삶을 생각해보면 이해할 수 있는 것이다. 특히 음양오행의 운동 원리를 알고 나면 계절의 변화에 대한 이해도 높아지고, 아울러 우리 인생의 생로병사도 다른 시각으로 볼 수 있다.

막연히 때가 되었으니 계절이 변한다. 그리고 세월이 흐르니 나이를 먹고 시간이 지나면 모두 죽는다고 생각하면 너무 인생을 무심하고 의미 없게 살아가는 것이다. 이는 동물들과 다를 바 없는 삶이다. 특히 문명이 발달하면서 자연과 멀어지고 냉난방이 완비된 빌딩과 실내에서만 생활하게 되면서부터 계절의 변화를 잊고 사는 것이 문제이다.

필자의 경우 강의와 병행하여 여행을 자주 하게 되니 자연과 수시로 접하게 된다. 이때마다 계절의 변화로 무성해지는 수많은 꽃들 그리고 곤충들의 등장을 보면서 세상의 변화를 직접 느끼고 지금이 일 년 중 어느 때인지를 절감하곤 한다.

자연 속에서 태어난 우리가 자연을 접하고 친근해지면 자연 속에 숨어 있는 진리를 쉽게 느낄 수 있고, 이것이 축적되다 보면 변화의 원리를 파악하게 된다. 그러면 계절의 변화만을 보아도 마치 농부처럼 이 시기에 무엇을 준비해야 하는지 알 수 있다.

농부들에게는 입춘, 입하, 입추, 입동, 춘분, 하지, 추분, 동지 등으로 이어지는 24절기가 있다. 각 절기마다 해야 할 일들이 정해져 있고 이를 지키지 못할 경우 한 해 농사를 망치게 된다. 소만 무렵이면 모내기를 하고, 입추 무렵이면 논에 물을 빼서 성장을 멈추게 하고 수분을 통해 결실을 맺도록 노력한다. 가을이 되면 서리가 내리기 전에 수확을 마쳐야 하는 등의 정해진 일들이 있다.

얼굴도 마찬가지다. 얼굴에도 음양오행이 담겨 있다. 우리가 그것을 읽지 못했을 뿐이다. 누군가와 소통해야 하는 것은 우리의 일상이다. 그런데 얼굴에 담긴 음양오행의 정보를 알면 소통을 이루는 데 무수한 힌트를 얻고 사전정보를 알 수 있다. 음양오행 속에는 실로 세상을 이해하는 많은 것들이 들어 있다.

── 한번은 알아야 할 음양오행 ──

음양오행은 기본적으로 음과 양의 조화로 이루어진다. 음양오행은 한국적 우주관의 근원이자 우리 민족의 사상적 원형의 바탕을 이룬다. 생성소멸을 해석하는 사상이다.

음은 땅이고 양은 하늘이다. 하늘과 땅이 서로 통하여 만물을 생성하고 키워내며 순환하여 모든 만물이 무궁히 발전하는 것이 음양의 조화이다. 인간의 생성과 소멸은 우주의 순환 이치와 같다. 태양과 수성, 목성, 화성, 토성, 금성, 이 행성들이 지구와 멀고 가까워질 때 생기는 변화 속에서 우리는 그 영향을 받는다.

남녀가 만나서 궁합이 맞지 않으면 매일 싸움이나 하듯이, 이 두 가지 중에 어느 하나라도 기울거나 한쪽이 약해지면 극과 극으로 변하게 되는 것이 음양의 이치이다. 그래서 하늘과 태양을 양으로 구분하고 지구와 물은 음으로 구분한다. 음양의 이론이란 천지만물이 순환하면서 돌고 돌아가는 것이 마치 기어가 맞물려 톱니바퀴가 돌아가는 듯한 형상을 설명하는 것이다.

어둡다
차갑다
웅크러든다
날카롭다

밝다
뜨겁다
흩어진다
부드럽다

음陰 양陽

음양의 상대성 - 음양은 짝으로 존재한다.
음양의 일원성 - 모든 존재에 음양이 내포되어 있다.
음양은 고정되어 있지 않고 계속 변한다.

───── 얼굴 소통 심리학

그리고 오행이란 만물의 기본 요소인 목·화·토·금·수의 다섯 가지 기운이 행(行)함을 말한다. 본래 오행은 나무·불·흙·쇠·물 등 자연계에 존재하는 '다섯 가지 기본 물질'을 일컫는 말이다.

오행을 한자로 쓰면 음양이 걸어가는 다섯 가지 걸음이라는 뜻이다. 나무(木), 불(火), 흙(土), 쇠(金), 물(水)의 오행과 인간의 오장육부가 서로 긴밀하게 맞물려 에너지를 주고받으면서 우주와 자연과 사회가 조화롭게 운영되는 것이다.

이제부터 소우주라 불리는 우리 인간의 신체에 숨어 있는 비밀을 소개하고자 한다. 관상의 한 부분인 오행의 기운에 따른 얼굴 형상을 하나하나 살펴보자.

·— 우주를 이루는 오행의 기운과 형상 —·

─목의 기운

목은 봄에 나무의 새싹이 굳은 땅을 뚫고 나오는 형상으로 따뜻하고 생기가 충만한 솟아오르는 기운이다. 싹이 돋아 나무가 위로 곧게 올라가듯이 목 기운을 가진 형체는 가늘고 곧은 모습이다. 그래서 목의 기운이 많은 사람은 얼굴이 이와 비슷한 갸름하고 긴 형태를 띠게 된다. 목은 색으로 치면 푸른색이므로 얼굴에도 약간 푸른빛이 감돌게 된다.

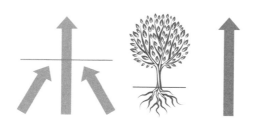

─화의 기운

화는 타오르는 불의 모양으로 양의 기운이 극에 달한 상태, 여름에 잎이 무성하고 꽃이 활짝 핀 모습이다. 불은 밝고 뜨겁고 화려하지만 본래 성질은 뻗어나가는 것이다. 불이 타는 것을 유심히 살펴보면 이해가 간다. 뜨거운 열기가 위로 올라가면서 흩어지는 것을 볼 수 있다. 다 타고 나면 남은 것은 없다. 간혹 재만 남는다. 나무가 성장하면서 가지가 뻗어나가고 잎이 무성해지는 모습이 화의 기운이다.

또한 불꽃의 모습을 보면 아래보다 위가 좁아 약간 뾰족하다. 촛불을 연상해보면 이해가 쉬울 것이다. 따라서 화의 기운이 많은 얼굴은 위 부분이 상대적으로 좁고 아래가 좀 더 넓은 형태를 띠게 된다. 불이므로 색은 붉은색을 띤다.

ㅡ토의 기운

토는 후덕하고 묵묵한 흙의 형상으로 목과 화의 양기와 금과 수의 음기의 중간에서 중재자 역할을 한다. 흙은 만물이 자라나는 곳이므로 모든 것을 포용하는 기운이 있다. 포용하기 위해서는 중재를 할 수 있어야 한다. 계절의 변화를 중재하는 것이 흙(土)이다. 만약 중재를 잘 못하고 한쪽으로 치우칠 경우 오히려 큰 혼란이 일어난다.

토의 기운이 제대로 발휘되지 못하면 계절의 변화가 순탄치 못하여 이상고온 아니면 이상저온 등이 발생하게 된다. 포용을 하거나 중재를 잘하려면 성격이 모가 나 있으면 아무래도 어렵다. 성격이 원만해야 잘할 수 있다. 다수의 의견을 듣고 포용할 수 있어야 하기 때문이다. 그러므로 얼굴형도 길거나 좁거나 네모나지 않고 두루두루 원만한 모습을 갖게 된다. 토의 빛깔은 황하의 누런 진흙을 연상하면 된다. 색으로 치면 황색이다.

一금의 기운

금은 딱딱하고 서늘한 쇠의 모양인데, 가을은 봄, 여름에 이루었던 외형적 성장을 멈추고 내부적으로 정리하여 열매를 맺는 계절이다. 즉, 음기의 시작이다. 모양도 일정한 형태를 띠고 있다. 퍼지는 것이 아니라 뭉치는 것이다. 그래야 모양을 갖출 수 있다. 그래서 금의 기운은 수렴하는 것이다. 가을로 접어들수록 나무들도 광합성을 통해 필요한 열매들을 맺기 시작한다. 그러나 무성했던 모든 가지와 잎에 모두 열매를 맺으려면 자원의 부족으로 모두 부실해질 수 있다. 쭉정이는 버리고 될성부른 열매들로 알차게 맺을 수 있도록 해야 한다. 일종의 다듬는 작업이다. 그래서 잎을 떨어뜨리고 열매를 맺는 작업을 한다.

금의 기운이 강하게 되면 얼굴에도 각이 지거나 잘 다듬어진 단정한 느낌을 띠게 된다. 인상이 차갑게 느껴지는 것도 금의 성질과 일맥상통한다. 금의 색은 금속이 반짝반짝 빛을 발하는 것을 연상해보면 하얀색이다.

─수의 기운

수는 차갑고 얼어붙은 물의 형상이다. 겨울에는 얼어붙은 물처럼 속에 모든 것을 간직하고 새봄을 준비한다. 음기가 강하지만 완전히 속까지 얼어붙은 것이 아니라 다시 봄을 준비하는 양의 기운이 남아 있다.

물은 금속처럼 일정한 형태가 없다. 주변 환경에 따라 다양한 형태로 적응한다. 높은 곳에서 낮은 곳으로 흘러 모인다. 기체를 압축하면 액체가 된다. 종이를 뭉치다 보면 둥근 형태로 유지된다. 응축하는 성질은 둥근 형태로 결정된 모습을 띠게 된다. 깊은 바닷물은 색이 검다. 그래서 물의 색은 검다.

오행	물상	기운	얼굴형
목(木)	나무	솟아오른다	가름한 얼굴, 푸른색
화(火)	불	확산되어 번진다	위가 좁고 아래가 넓다. 뾰족하고 날렵함, 붉은색
토(土)	흙	흙으로 덮어 포용한다	원만한 형, 황색
금(金)	쇠	겉이 딱딱해지며 수축한다	사각형 얼굴, 단정한 얼굴, 흰색
수(水)	물	응축하여 결정을 맺는다	둥근 얼굴, 살이 많다, 검은색

얼굴 생김에 따라 바뀌는
기운과 스타일

·── 인간은 모두 하나의 우주다 ──·

동양 문화권에서는 사람을 소우주라 말한다. 한 명, 한 명을 우주로 본다. 한 사람 안에 모든 것이 담겨 있다고 보는 것이다. 실제로 사람을 이루는 몸에도 우주는 존재한다. 몸을 공부한다는 건 우주를 공부하는 것과 같다.

조선시대에 사람의 몸을 연구해 그에 대한 모든 것을 집대성한 허준의 책 『동의보감』을 알 것이다. 『동의보감』은 의학서인 동시에 사람에 대해 이야기하는 책이다. 조금 더 넓게 본다면 우주에 대해 말하는 책이다. 그리고 인간 각자가 가지고 있는 우주의 기운과 스타일을 담아낸 책이다.

『동의보감』 중에서도 「내경」편을 보면 우리 몸에서 가장 중요한 부분인 오장육부에 관한 설명이 나온다. 오장(伍臟)은 다섯 가지 저장하는 기관을 뜻한다. 간장, 심장, 비장, 폐장, 신장이 그것이다. 그리고 육부(六腑)는 다섯 가지 오장에 상응하는 담, 소장, 위, 대장, 방광 외에 몸통을 추가한 것이다. 오장은 저장을 하기 때문에 음(陰)의 성질을 가졌고 반대되는 육부는 양(陽)의 성질을 가졌기 때문에 저장하면 안 된다. 발산을 하여 비워야 한다. 그래서 육부의 기능은 현대의학에서 말하는 소화기능이라 보면 이해하기 쉽다.

우리가 음식을 섭취했으면 이들이 위에서 소화가 되고 소장 등 각 기관에 영양분으로 흡수되고 난 뒤 신장, 방광, 대장 등을 통해 배설하여 비워놓고 있어야 한다. 비우는 과정이 제대로 안 되고 어딘가에서 막히면 체했다고 해서 침을 놓아 기를 통하게 하는 것이다.

오행의 기운은 우리의 감정에도 영향을 준다. 오장육부가 관장하는 감정에는 기쁠 희(喜), 분노할 노(怒), 근심 우(憂), 생각 사(思), 놀랄 경(驚), 두려울 공(恐), 슬플 비(悲)의 칠정이 있다. 역으로 칠정의 상태에 따라 오장육부가 영향을 받고 심하면 병에 걸리게 된다.

다음 표를 참조하여 오행의 기운이 오장육부를 통해 어떻게 칠정에 영향을 미치는지를 살펴보자. 이러한 변화는 우리의 감정 상태와 얼굴의 이목구비에 드러나게 되어 있으니, 이를 사전에 감지하여 오장육부의 건강 상태를 진단해볼 수 있다.

오행	기운	오장 육부	기능	감정	이목 구비
목(木)	솟아오른다	간	생기를 낳는 곳	분노	눈
		담	결단력의 근원지		
화(火)	확산되어 번진다	심장	생명력의 발전소	기쁨	혀
		소장	영양분과 찌꺼기를 가리는 곳		
토(土)	기를 형으로 만든다	비장	기와 혈을 만드는 공장	근심, 생각	입
		위	음식물과 기형이 모이는 곳		
금(金)	겉이 딱딱해지며 수축한다	폐장	호흡을 주관하는 곳	슬픔	코
		대장	쓰레기 하치장		
수(水)	응축하여 결정을 맺는다	신장	정력과 생식의 담당자	공포, 두려움	귀
		방광	오줌을 모으는 곳		

•── 시작과 확산, 그리고 결합의 묘 ──•

목의 기운과 관련된 장기는 간장과 담이다. 간장은 생기를 돋아나게 하고 파트너인 담은 담즙을 분비하여 소화를 도와준다. 간과 담의 기운이 우리의 얼굴에 드러나는 곳은 눈이다. 우리 몸이 천 냥이면 눈은 구백 냥이라 표현할 정도로 우리 몸에서 매우 중요한 기관이 눈이다.

눈의 흰자위 부분이 누런색을 띠면 간이 좋지 않다고 말한다. 실제로 황달에 걸린 사람의 눈은 누런색을 많이 띠며, 과로하고 피곤

해졌을 때도 흰자위의 색이 맑고 투명하지 못한 것을 볼 수 있다.

간장과 담은 분노와 용기 및 결단력을 주관한다. '간땡이가 부었다'라는 표현은 지나치게 무모하거나 용감해 보이려는 사람들을 빗대어 하는 말이다. 간의 기운이 약해지면 의기소침해지는 것도 용기의 힘이 줄어들기 때문이다. 겁에 질리게 되면 '간이 콩알만 해졌다'는 표현을 쓰기도 한다. 이러한 기운이 얼굴에 드러나는 곳이 눈이다. 권투 선수들이 시합 전 상대의 눈빛을 제압해서 경기를 유리하게 이끌어나가는 것도 같은 원리다.

木
간장·담낭
緩 부드러움, 시작
새벽, 봄, 어린이
신맛

불의 기운을 갖고 있는 장기는 심장과 소장이다. 심장은 발산하는 양의 기운인 화 기운을 닮았다. 씨앗으로부터 돋아난 싹이 줄기를 뻗어가며 광합성을 통해 필요한 영양분을 확보하기 위해 이파리들을 만들며 확장해가는 모습이다. 고유의 발산 기능을 통해 우리 몸의 곳곳에 혈액을 공급하는 것이다. 파트너인 소장도 역시 몸의 대사 중 소화를 담당하며 1차 소화되어 넘겨받은 영양분을 흡수하고 액체는 방광으로 보내고 찌꺼기는 대장으로 보낸다.

심장의 기운은 얼굴 중에서 혀에 나타난다. 혀가 뻣뻣하거나 혀를 입 밖으로 내밀었을 때 한쪽으로 치우치면 심장의 상태를 점검해봐야 한다.

심장은 기쁨을 주관한다. 가슴이 설레거나 기분 좋은 일이 생기면 심장의 박동이 빨라진다. 슬픈 상황에서 심장이 빨리 뛰는 것은 몸에 이상이 있지 않는 한 경험할 수 없을 것이다. 심장의 박동이 빨라지면 얼굴이 붉게 달아오르거나 귀가 빨개진다.

토의 기운은 비장과 위를 관장한다. 비장은 토의 기운으로서 오행 중 각 계절이 변할 때마다 기운의 변화를 중재하여 급격한 기온이나 기운의 변동 없이 환절기를 거쳐 다음 계절로 넘어가도록 해주는 역할을 한다. 우리 몸에 필요한 기와 혈을 만들어주는 비장과 환상의 짝꿍인 위는 음식물을 받아들여 소화를 시키며 신맛은 간으로, 쓴맛은 심장으로, 단맛은 비장으로, 매운맛은 폐장으로, 짠맛은 신장으로 각각 보내고 소장에서 영양분을 흡수하기 쉬운 형태로 음식물을 소화시킨다.

위의 상태는 입에 나타난다. 입술이 부르트거나 입맛이 없게 되면 위의 작용에 문제가 생긴 것이다.

비장과 위는 우리의 생각과 근심을 관장한다. 생각이 많아지면 위가 스트레스를 받게 되니 소화도 잘 안 되고 입맛이 떨어진다. 쓸데없는 근심거리로 노심초사하면 스트레스를 받게 되고 소화기능의 장애를 일으킨다.

土

비장·위장

固 고정, 결합

낮, 장하, 청년기

단맛

⚬─── 슬픔과 두려움, 그리고 몸 안의 도랑 ───⚬

금의 기운은 폐장과 대장의 기능을 주관한다. 폐장은 음의 기운의 시작이다. 폐(肺)를 풀이해보면 고기 육(肉)의 변환인 달 월(月)자와 물건의 교환이 이루어지는 시장 시(市)의 합성어이다. 시장에서 물건을 상호 교환하는 것과 같이 우리 몸에 필요한 산소와 배출되는 이산화탄소를 대기와 호흡을 통해서 공급하는 역할을 한다.

파트너는 대장이다. 대장은 소장에서 흡수하고 남은 수분이나 영양분을 흡수하고 찌꺼기들을 모아 대변으로 변환한 뒤 항문을 통해 배출한다.

호흡을 주관하고 있으니 당연히 폐의 기운은 얼굴에서 코에 나타나게 된다. 감기에 걸리면 콧물이 나오고 열이 나는 것이다. 옛말에 감기를 코에 불이 난 것으로 표현한 것도 재미있는 비유이다.

폐장은 슬픔을 주관한다. 슬픈 영화를 보면 코끝이 찡해지고 눈물이 나오면서 콧물도 동반하게 되는 것을 보면 쉽게 이해할 수 있다. 예로부터 비련의 주인공은 폐병에 걸린 사람들이 대부분이고 그들의 얼굴도 금의 빛깔을 닮아 창백한 피부로 묘사되는 것을 알 수 있다.

수의 기운은 신장과 방광의 기능을 관리한다. 신장은 수렴보다 더 강한 음의 기운으로서 매우 단단히 응축하는 기운이다. 새로운 생명력을 보관하고 있다 봄이 되면 생명력을 분출하는 것이다. 생명을 간직하고 있는 기운이다. 인체에서는 신장이 수 기운을 관장하면서 생명의 씨앗인 정액과 정력을 관장하고 있다.

파트너인 방광은 신장에서 걸러진 노폐물들을 모아 오줌으로 배출시키는 기능을 한다. 얼굴의 양쪽에 있는 귀를 손으로 접어봤을 때 아무 이상 없이 접히는 사람이 있는가 하면 아프다고 접지를 못하는 사람이 있다. 신장에 이상이 있는 경우이다.

신장과 방광은 공포와 두려움을 관장한다. 극도의 공포에 눌리면 사람들은 자신도 모르게 오줌을 싸게 된다. 이뇨작용이 통제가 안 되는 것이다. 교통사고와 같은 끔찍한 공포를 경험하면 순간적으로 놀라 신장이 오그라들어 기능을 발휘 못하는 상황이 되고 별다른 외상을 입지 않아도 원상회복하는 데 시간이 걸리게 되는데 이것이 교통사고 후유증으로 이어지는 원인이 되는 것이다.

水

신장·방광

軟 저장, 정리

저녁, 겨울, 노년기

짠맛

육부 중 실체가 불분명한 마지막 신체를 삼초라 부른다. 일종의 몸 안의 도랑이라 부르기도 한다.

"삼초는 상초, 중초, 하초를 통틀어 일컫는 것이다. 상초는 안개와 같고 중초는 거품과 같으며 하초는 도랑과 같다고 한다.

상초는 주로 양기를 내서 피부와 살 사이를 따뜻하게 하는데 이슬이 젖어드는 것과 같으므로 안개 같다고 한다. 상초의 작용은 심장, 폐장과 관련된다.

중초는 음식물의 맛을 정미한 기운으로 변화시켜서 폐맥으로 보내어 혈이 되게 하고, 그것을 경맥 속으로 돌게 하여 오장과 온 몸에 영양을 공급한다. 중초의 작용은 비장과 위장에 관련된다.

하초는 소변과 대변을 때에 맞게 잘 나가게 하고 들어오지는 못하게 하며, 막힌 곳을 열어서 잘 통하게 하므로 도랑과 같다고 한다. 하초의 작용은 간장과 신장에 관여한다."(신동원·김남일·여인석, 1999)

나와 잘 맞는 얼굴,
안 맞는 얼굴

· ── 서로를 살리는 관계, 상생 ── ·

서양음악은 음(音)을 중심으로 이루어졌다. 초등학교 시절 열심히 배운 '도레미파솔라시도'를 생각하면 된다. 음을 층으로 나누고 조합해서 소리를 낸다. 구분하는 특징이 있다. 반면 동양음악은 성(聲) 중심으로 이루어진다. 한 가지 음이 아니라 성들이 조합을 이루어 음악을 만든다. 이런 문화의 근간을 알 수 있는 게 고대 중국 철학이다. 고대 중국 철학자들은 우주를 하나의 연속적인 물질로 간주했다. 그래서 '우주만물은 서로 얽혀 있다', '모든 건 연결되어 있다' 등으로 표현한다.

우주를 담은 오행도 서로를 분리하지 않고 연결되었다고 한다. 그 연결이 상생(相生)일 수 있고 상극(相剋)일 수 있다는 점이 특징이다. 오행 속에 있는 상생과 상극을 살펴보자.

'상생'이란 글자 그대로 풀이하면 서로 살린다는 의미이다. 오행 상생은 오행의 운행에 따라 서로 다른 것을 생하는 것인데, 목화토 금수의 순서에 따라 목(木)이 화(火)를 생하고 화는 토(土)를 생하며 토는 금(金)을 생하고 금은 수(水)를 생하며 수는 다시 목을 생한다. 앞의 것이 뒤를 따르는 관계가 상생하는 관계이다.

오행의 상생

먼저 목생화(木生火) 관계를 보자. 나무는 불을 일으킨다. 모닥불 을 떠올려보자. 불속에 나무를 집어넣어야 불이 타오를 수 있으므 로 나무는 불을 살리는 존재이다. 나무라는 의욕이 불이라는 정열 과 열정을 더 뜨겁고 강렬하게 만들어준다.

둘째, 화생토(火生土) 관계이다. 불은 흙을 만든다. 화산이 폭발하 여 생성된 화산재가 땅을 아주 비옥하게 만드는 이치이다. 봄에 들 녘에서 짚을 태우는 것도 지력을 회복하기 위한 전통적인 방법이 다. 타버린 재는 다시 흙으로 돌아가기 때문이다. 정열과 열정이라는 불의 기운이 생겼으면 이 열정을 끝까지 이어갈 수 있는 마음을 유지하는 것이 중요하다.

셋째, 토생금(土生金) 관계이다. 흙은 금을 만든다. 금은 광물이나 거대한 바위 등을 떠올리면 되는데, 바위들이 지탱하기 위해서는 흙의 받침이 있어야 한다. 흙이 없다면 금석은 생겨날 수 없다. 즉 일이라는 것은 혼자서 할 수 없다. 사람들을 모으고 그 사람들을 지도하여 이끌어 결실을 만드는 바위의 기운이 이어져야 한다.

넷째, 금생수(金生水) 관계이다. 금은 물을 만든다. 땅속 깊은 곳은 암석으로 되어 있어 바위 사이에 물이 흘러 대지를 촉촉하게 만든다. 하늘에 떠 있는 구름도 모아 뭉치게 하는 금 기운이 수 기운을 끌어모아 응결시킨 결과이다. 에너지를 충전하여 새로운 의욕이라는 나무의 기운을 다시금 가질 수 있다.

다섯째, 수생목(水生木) 관계이다. 물은 나무를 키운다. 모든 생물이 그러하듯 나무는 물이 있어야 죽지 않고 살아갈 수 있다. 물기 가득한 대지에서 봄이 오면 새로운 싹이 돋아난다. 휴식이라는 물의 기운을 가지고 쉰 후에는 새로운 의욕(나무의 기운)을 가지고 다시 시작한다. 그래서 오행의 배치도에는 늘 목→화→토→금→수→목 순서를 사용하는 것이다.

•── 서로에게 상처 주는 관계, 상극 ──•

다음은 오행의 상극을 살펴보자. '상극'이란 서로 극하는(이기는) 관계로 상대를 방해하거나 상처를 입힌다는 의미를 가지며 다음과 같은 관계를 형성하고 있다.

오행의 상극

얼핏 보면 상생은 좋은 것이고 상극은 나쁜 것으로 받아들일 수 있으나 세상에는 쓸모없는 것이 없다. 두 가지 다 필요하다. 상극을 해친다는 뜻으로 받아들이기보다는 상대를 견제하고 담금질을 시킨다고 이해하는 편이 더 정확하다. 적절한 자극이 있어야 긴장하고 발전하는 것이다.

첫째, 목극토(木克土) 관계이다. 나무는 흙을 이긴다. 나무는 땅속에 뿌리를 내리고 흙의 영양분을 흡수한다. 나무는 흙이 지닌 양분을 빼앗아가기 때문이다.

둘째, 토극수(土克水) 관계이다. 흙은 물을 이긴다. 흙은 제방이 되어 물이 범람하는 것을 막지만 땅은 물을 가두거나 물길을 돌린다. 땅의 상황에 따라 물의 움직임이 변한다.

셋째, 수극화(水克火) 관계이다. 물은 화를 이긴다. 아무리 기세 좋게 타오르던 불길도 물을 뿌리면 순식간에 사그라지고 만다. 물은 불을 끄는 대표적인 수단이다. 하지만 매우 강한 불에 물을 붓는다면 그로 인해 불이 꺼지기보다는 오히려 폭발하는 현상이 발생할 수 있으니 다른 상극관계와 달리 주의해서 살펴보지 않으면 위험한 일이 발생할 수도 있다.

넷째, 화극금(火克金) 관계이다. 불은 금을 이긴다. 불은 금속을 녹일 뿐만 아니라 금속을 불에 담근 뒤에 두드리면 마음대로 형태를 변화시킬 수 있다. 그렇지만 불의 기세가 너무 강하면 강철도 완전하게 용해되어 그릇을 만들 수 없다.

다섯째, 금극목(金克木) 관계이다. 금은 목을 이긴다. 나무는 도끼, 톱 등과 같은 쇠붙이를 통해 베어진다. 금은 나무를 다듬어 땔감으로 만들 수 있고 사람들에게 도움이 되는 건축자재나 가구 등에 유용한 도구가 된다.

그래서 오행의 배치에서 상극관계는 목극토 → 토극수 → 수극화 → 화극금 → 금극목의 방향으로 진행되는 것이다.

음양오행의 가르침에서는 상생과 상극이 조화를 유지하면서 존재하지 않으면 안 된다. 이를 "상생 속에 상극이 있고, 상극 속에 상생이 있다"라고 표현한다. 회사나 사람들이 모인 어떠한 조직에도 상생과 상극의 개념이 적용된다. 모두가 도움이 되는 방향으로 서로 협력하면서 일하는 것을 전체 최적화라고 한다. 상생의 사이클을 얘기하는 것이다. 반대로 상호간에 반목과 질투로 협력보다는 비방을 일삼고 자신들만의 영역을 고집하며 타협하지 않는 경우를 부분 최적화라고 한다. 상극의 사이클이다.

물론 상생과 상극 모두가 자연현상이므로 상극을 완전히 제거할 수는 없으므로 존재를 인정하되 최소화시켜 상생의 기운이 더 활발하게 운영될 수 있도록 해야 한다. 그리고 건전한 비판, 건설적인 제안을 통해 의사소통이 원활히 되도록 노력하는 것이 상생과 상극의 지혜를 활용하는 길이라 하겠다.

얼굴에 나타난 오행을 읽는다면 상대방이 나와 상생의 관계인지, 상극의 관계인지를 읽을 수 있다. 상생의 관계라면 보다 더 많은 시너지를 낼 수 있도록 준비할 수 있다. 그리고 상극의 관계라면 피하기보다 그를 나의 부족한 부분을 정확히 찾아낼 수 있는 존재로 삼아 기꺼이 조언을 청하고 경청해야 한다. 그러한즉 상대의 얼굴을 읽어 상생과 상극을 찾을 수 있는 게 중요하다.

•── 소통에도 상생, 상극이 있다 ──•

복(福)에 대해 이야기할 때 사람관계는 빼놓을 수 있다. 스승 복, 자녀 복, 아내 복, 동업자 복처럼 말이다. 그리고 복은 저절로 오지 않는다. 서로 복을 받을 만한 합(合)이 어느 정도 맞아야 한다. 만약 합이 맞지 않으면 부부는 이혼을 하고 동업자는 배신을 할 수 있다.

그런데 합이란 것은 시대 흐름에 발맞춰 의미도 폭넓게 변화되고 있다. 요즘에는 궁합을 코드가 잘 맞는 것이라 한다. 그래서 최근에는 단순히 이성 간의 애정, 결혼 문제로만 궁합을 보지 않고 모든 인간관계에서 궁합을 본다. 가족, 친구, 동업자, 직장 동료 등 긴 시간을 함께하는 모든 관계에서 최고의 좋은 합을 찾고 만나는 것이 중요하기 때문이다.

그렇다면 한평생을 살면서 나와 맞는 사람이 과연 몇이나 될까? 누구나 자신과 잘 맞는 사람을 만나려고 한다. 사람을 만날 때 이상하게 마음이 끌리고 편안한 사람이 있다. 성향이 비슷하기 때문이다. 내가 갖고 있는 걸 상대도 갖고 있다는 편안함 말이다. 반대로 불편하고 거북한 사람이 있다. 이 역시 성향이나 기질이 나와 많이 다른 경우이다. 모든 대인관계에는 궁합이 많은 것을 좌우한다고 할 수 있는데 서로 잘 맞는 사람끼리는 갈등이 있더라도 서로 양보하고 배려하게 되지만, 그렇지 않은 사람끼리는 작은 갈등도 큰 불화의 원인으로 작용하게 된다.

그래서 공자께서도 "무릇 사람의 마음은 험하기가 산천보다 더

하고 알기는 하늘보다 더 어려운 것이다. 하늘에는 그래도 봄, 여름, 가을, 겨울의 사계절과 아침, 저녁의 구별이 있지만 사람은 꾸미는 얼굴과 깊은 감정 때문에 알기가 어렵다"라고 했지 않았겠는가!

사람의 삶을 가만히 들여다보면 반대의 개념이 인간관계에 작용하는 경우가 많다. 그렇다면 얼굴에서 반대의 개념은 무엇일까? 직장생활을 하다 보면 정기적으로 업무를 바꾸어 자리를 이동하여 근무하는 경우가 많다. 업무 조정으로 자리가 바뀐 지 얼마 안 되어 옆에 있는 동료와 마음이 안 맞아 티격태격하는 경우를 많이 보아왔다. 그런데 그 원인을 자세히 살펴보면 상극인 사람이 서로 곁에 앉아 있는 경우가 대부분이었다. 이때 그 직원 사이의 관계를 중화할 수 있는 상생의 직원을 그들 가운데 앉히면 이상하리만큼 분위기가 좋아지는 것을 보았다.

사람의 얼굴은 음양오행과 관련하여 자세히 살펴보면 상생과 상극이 존재하게 된다. 얼굴 모양 또한 어울리는 얼굴형이 있고 서로 어울리지 못하는 얼굴형이 있는 것이다. 오행의 형상으로도 판단할 수 있는데 얼굴의 생긴 모양과 체형을 보고 나와 어울리는 얼굴형은 어떤 형의 얼굴형인지 알아보자.

다시 한 번 강조하지만 얼굴형이 정확히 일치하지 않더라도 어느 쪽의 얼굴형에 더 가까운지만 판단하면 된다. 아무튼 다름을 인정하면 소통의 시대가 열릴 수 있다.

⸻ 생동하는 도전가, 목형은 금형과 상극 ⸻

목형은 화형과 상생관계이다(목생화木生火). 불을 피우려면 나무가 필요하다. 또한 나무는 잘 자라려면 적당한 햇빛과 같이 일정한 온기가 필요하다. 양의 기운을 대표하는 목형과 화형은 앞으로 나아가고 위로 치솟고 밖으로 튀어나가 뭔가를 과감하게 추진하는 스타일이다.

목형은 내성적이고 온순하며 섬세하다. 사회의 인정에 목말라하고 타인의 관심이 절실히 필요하며 마음이 약해 남에게 싫은 소리를 잘하지 못해 가슴앓이를 하는 반면, 화형은 성격이 활달하고 적극적이고 예리하며 논리적으로 상대를 설득한다.

목형이 계획한 것을 화형이 홍보하고 실행하는 등, 교양 있고 이상이 높은 목형과 표현력이 풍부하고 추진력과 실천력이 뛰어난 화형은 서로 좋은 관계이다. 이 둘은 서로 갈등이 생겨도 길게 끌지 않고 바로 화해하므로 큰 마찰이 없다.

그리고 목형은 금형과 상극관계이다(금극목金剋木). 살아 있는 나무를 자를 때에 도끼(金)는 나무(木)를 쳐서 나무를 죽이니 나무에게는 치명적이다. 그러나 나무를 재료로 하여 집을 지을 때 톱과 대패는 나무를 집을 지을 수 있는 반듯한 목재로 만들어주니 금의 극하는 힘이 유용하다.

금형은 간결하고 끊어지는 말투에 성격은 명예를 중시하고 위엄이 있으며 승부욕이 강하다. 자기주장을 관철하고자 하는 욕망이 세서 남을 지배하려는 경향이 강하다. 반면 목형은 사소한 말투나 행동에 민감하게 반응하다 보니 남에게 싫은 소리를 잘하지 못하고 마음이 약해 감정이 상하거나 벽에 가로막힌 듯 단절감을 느끼게 된다. 따라서 금형의 기세에 눌려 자기의 주장을 올곧게 펴지 못하게 된다.

고요하고 차분하게 생각하는 것을 좋아하는 목형은 대인관계에서 시끄럽고 혼란스러운 편인 금형의 공격적인 생활방식을 힘들어한다. 반대로 금형은 자유롭고 규칙이 없이 일의 마무리가 약한 목형이 이해가 안 된다. 정의감이 강하고 실행력이 있는 금형은 목형의 사람 좋고 오지랖 넓은 점을 적절하게 조절하면서 '당근과 채찍' 같은 역할을 한다.

·── 몰입하는 예술가, 화형은 수형과 상극 ──·

화형은 토형과 상생관계이다(화생토火生土). 불에 타고 남은 재는 결국 대자연인 흙으로 돌아간다. 한줌의 흙속에서 수천, 수억 마리의 미생물이 존재한다. 이런 미생물이 싹을 틔우려면 적당한 햇빛과 온도가 필요하다. 화형의 성격은 지나치게 예민하고 신경질적이어서 주위에 사람이 많지 않다. 반면 토형은 원만한 성격을 지니고 있어 주위에 사람들이 아주 많다.

화형이 다소 산만하고 솔직한 성격으로 주위 사람들을 피곤하게 하나, 토형은 모든 면에서 관대하고 태산처럼 묵직해 보이며 차분하고 현실적인 성격으로, 화형과 토형은 매우 좋은 상생관계를 이룬다.

다소 성급한 성격으로 빠르고 직선적인 대화로 인해 적을 만들 수 있는 화형은 중용의 미덕을 지닌 책사 같은 토형이 바른 길로 인도하여 좋은 결과를 얻는다. 토형은 화형의 단점을 보완하여 사회생활의 촉매제와 윤활유 역할을 하는 데 도움을 주기도 한다. 또 한 번 틀어지며 끝장을 보는 외골수적인 토형의 성격을 눈치 빠른 화형이 순발력 있게 대처한다. 화형에게는 지나치게 불타오르지 않도록 억제해주는 토의 기질을 가진 사람이 좋다.

그리고 화형은 수형과 상극관계이다(수극화水剋火). 불을 활활 태우고 싶어도 물 한 바가지이면 금방 사라져버리고 만다. 물과 불이 만났으니 서로 아옹다옹 힘겨루기를 한다. 장시간 같은 곳에 함께 있으면 반드시 싸우게 된다.

소통에 있어 타인의 의견에 귀 기울일 시간적 여유 없이 막무가내로 할 말을 쏟아내는 화형은 불같은 성격으로 가끔 감정에 치우치는 잘못을 저지르는 경우가 있다. 반면 수형은 상대의 의중을 잘 파악하며 핵심을 이해하는 능력이 뛰어나고 아무리 바빠도 감정에 치우치지 않고 냉철하게 순리대로 매사 일을 처리하는 스타일이다.

그리고 수형은 양파와 같은 성격으로 벗겨도 벗겨도 그 속내를 잘 드러내지 않는다. 그러나 화형은 감정 표현이 얼굴을 통해 금방 나타나 상대방에게 속마음을 들켜 불리함을 당하기도 한다. 수형은 이런 표정관리가 가능하나 화형은 쉽지 않다.

생각보다 행동이 먼저인 화형과 행동보다 생각이 먼저이고 생각이 많은 수형은 서로를 이해하지 못한다. 할 말을 다하는 화형과 마음에 간직하는 수형 사이에 갈등이 생기면 수형은 이야기할 타이밍을 놓쳐 가슴에 담아두게 된다. 수형이 주로 상대의 입장에서 들어주고 배려하다 보니 빠른 결정을 하는 화형의 관점에서 볼 때 소극적으로 느껴지는 수형의 소통방식은 답답하게 여겨질 수 있다. 설상가상으로 수형의 배려를 당연한 것으로 여기는 화형은 자만과 오만에 빠져 수형을 함부로 대할 수 있다.

존중하는 화합가, 토형은 목형과 상극

토형은 금형과 상생관계이다(토생금土生金). 흙이 굳고 굳으면 결국 쇠나 돌이 된다. 금, 은, 보석은 깊은 땅속의 품안에서 오랜 시간에 걸쳐 만들어질 때 비로소 보물이 되는 것이다. 실리적이고 현실적인 토형과 원리원칙을 중시하고 논리적이며 객관적인 판단력을 갖춘 금형은 궁합이 잘 맞는다.

토형의 성격은 웬만한 파리 떼에도 꿈쩍 않는 소처럼 우직하고 덤덤하며 원만하다. 그러나 물에 물탄 듯 술에 술탄 듯 다소 우유부단한 성격으로 인해 맺고 끊는 것이 분명하지 않다. 반면 금형은 적극적인 성격으로 한번 마음먹으면 반드시 해내는 성격이다. 또한 불의를 못 참고 일부 과격한 면이 있으나 끝맺음은 확실하다. 작은 감정에 일희일비하지 않으며 마음을 조절하고 다스리는 능력이 탁월한 토형과 말이 앞서기보다 본인이 뱉은 말에는 책임을 지려고 노력하는 금형이 만났으니 금란지교로 진심어린 대화를 나눌 수 있다.

그리고 토형은 목형과 상극관계이다(목극토木剋土). 나무는 흙을 뚫는다. 또한 나무는 흙의 영양분이 필요하면 일방적으로 흡수하고 필요 없으면 흡수하지 않는다. 목형의 성격은 꼼꼼하고 섬세한 편으로 어린아이처럼 호기심이 많고 늘 새로운 모험을 좋아하며 감정을 거리낌 없이 마음껏 표출하며 소통하는 과정을 즐긴다.

목형의 입장에서 바라본 토형은 그저 답답하고 우유부단하고 대충 대충하는 성격으로 생각과 행동은 아무런 의견도 없고 자기주장도 하지 않는, 참으로 답답하기 그지없는 존재이다. 따라서 토형은 항상 목형의 지적을 받는 일이 허다하다. 둘이 부딪치면 목형은 항상 토형이 못마땅하고 토형은 괜히 목형을 보면 피곤해하고 보기 싫어한다.

표현이나 행동이 신중하고 감정보다는 현실적인 판단으로 모든 일을 처리하는 토형과 감수성이 풍부하고 예민하며 모든 일을 감정적으로 처리하는 목형은 부족함을 서로 채워주는 궁합이지만 서로가 너무 다르다 보니 한번 감정의 골이 패면 회복하기 힘들다. 이때는 목형이 상처를 많이 받는다. 토형은 목형의 적극적인 자세와 긍정적인 측면을 칭찬해주되 도를 넘어서면 애정 어린 피드백을 해줄 필요가 있다.

● ── 결단의 리더, 금형은 화형과 상극 ──●

금형은 수형과 상생관계이다(금생수金生水). 물은 금이 농축시킨 침묵의 에너지, 생명을 깨우는 역할을 한다. 맑은 물이 흐르기 위해서는 크고 작은 돌들이 빠른 물길을 막아주어야 한다. 또한 바위와 돌은 수분인 물을 흡수해야 부식되지 않고 오랜 시간 존재할 수 있다.

금형의 성격은 딱 부러지고 승부욕이 강하며 한번 마음먹은 것은 끝까지 추진하며, 처음 마음먹은 것을 쉽게 바꾸려 하지 않기 때문에 고집불통이라는 말을 종종 들어 인간관계에 다소 문제가 생길 수 있다. 반면 수형은 넓은 마음으로 모든 것을 포용하고 상대의 마음을 잘 들어주는 귀와 엄청난 내공이 있다. 물 흐르듯 순리대로 모든 일을 처리하여 일에 무리가 없다. 따라서 금형의 과격함과 수형의 부드러움이 하모니를 이루며 일을 조화롭게 꾸려나가게 된다.

모든 것을 끌어안고 혼자 고민하며 자기 스스로를 틀 안에 가두려는 성향이 강한 금형과 감성적이면서도 상대방의 생각과 분위기를 잘 받아주는 유머러스한 수형은 잘 맞는다. 생각이 많아 결론을 잘 못 내리는 수형에게는 생각을 깔끔히 정리해줄 수 있는 금형이 잘 맞다. 금형에겐 유일하게 속내를 드러내며 대화할 수 있는 몇 안 되는 상대가 수형이다. 단 너무 지나치면 금형은 감정기복이 강한 수형을 이해하지 못하고 수형은 너무 자기 틀대로 끌고 가는 금형에게 불만을 가질 수 있다(2002년 월드컵 4강 신화를 이룬 히딩크 감독이 금형인이고 당시 박항서 코치가 수형인이다).

그리고 금형은 화형과 상극관계이다(화극금火克金). 불은 아무리 단단한 쇠도 녹인다. 쇠는 불이 아니고서는 단단하게 굳어진 그 틀을 바꿀 수 없다. 화형의 성격은 말 그대로 불같은 성격이다. 또한 날카롭고 예리하며 다소 신경질적인 성격이다. 반면 금형은 명예를 중시하고 위엄이 있으나 다소 융통성이 없는 편이다.

자신에 대한 이야기를 드러내지 않으며 본인과 관계된 사적인 이야기가 타인의 입에 오르내리는 것을 기피하는 소통방식의 금형은 직선적 대화를 하는 화형에게는 굉장히 답답하게 비쳐질 수도 있다. 너무 냉정하고 치밀해서 정나미가 떨어질 수도 있다.

꼬장꼬장하게 따지고 드는 금형과 다혈질이고 급한 화형은 부딪힘이 많다. 한번 꽂히면 끝장을 보는 성향은 둘 다 같아서 한번 틀어지면 당장 헤어질 것처럼 싸우게 된다. 화형은 싸울 때는 불같이 싸워도 금세 잊어버리고 웃으며 화해하지만 금형은 한번 틀어지면 끝을 본다. 두 사람은 모두 개성이 뚜렷하기 때문에 의견이 충돌하는 경우가 많고 그 결과 서로에게 배우는 것도 매우 많은 조합이다. 각자가 추진하는 목표가 결정되면 서로 자극적인 관계가 되어 목표달성을 이끌어주는 좋은 관계가 형성된다.

──── 얼굴 소통 심리학

·──── 뛰어난 사교가, 수형은 토형과 상극 ────·

수형은 목형과 상생관계이다(수생목水生木). 나무 생존의 필요조건은 물이다. 물이 없으면 말라 비틀어져 결국 나무는 죽는다. 새봄을 맞이하면서 꽃을 피우듯 대지를 뚫고 오르는 목과 바다처럼 세상의 모든 물을 다 받아주는 수가 만나면 운수대통. 새로운 것에 대한 도전과 모험심이 강하여 매사에 적극적이며 활동적인 사람으로 평가받는 목형과 타인을 배려하고 존중함은 물론 포용력과 공감능력이 탁월한 사람으로 평가받는 수형은 서로에게 이롭다.

수형의 성격은 마치 양파껍질처럼 벗겨도 그 속내를 잘 드러내지 않고 베일에 싸여 있는 반면, 목형은 온순하며 섬세한 성격으로 수형이 놓친 부분을 하나하나 꼼꼼히 챙겨나갈 수 있다. 수형이 예민하고 낯을 가리는 목형을 부드럽고 유머러스하게 받아준다. 또 목형이 감정기복이 많은 수형을 헌신적으로 맞춰주기 때문에 서로 잘 맞는다. 단 둘 다 현실감이 부족할 수 있다는 게 단점이다.

서로 감정적으로 흐르다 보면 작은 일에도 크게 서운해하며 감정의 골이 깊게 팰 수 있으므로 이 점만 보완하면 최상의 궁합이다. 목형인 사람이 검정색 양복을 입으면 잘 어울리고 귀격으로 보이는 것은 수가 목을 상생하기 때문이다.

그리고 수형은 토형과 상극관계이다(토극수土克水). 흙은 물을 못 흐르게 막아버릴 수 있어 물을 지배한다. 또한 흙은 필요하면 일방적으로 물을 흡수하고 필요 없으면 흡수하지 않는다. 토형과 수형은 눈에 보이는 모습이 조금 비슷하다. 다른 점은 토형은 건강하고 단단한 체형으로 코와 입술에 살집이 좋고, 수형은 오동통한 체형으로 미간이 넓고 눈이 크고 손등이 통통한 것이 특징이다.

우리 속담에 '목마른 사람이 우물 판다'는 말이 있다. 어떤 일에 대하여 절실히 필요한 사람이 그 일을 서둘러서 시작한다는 말이다. 토형의 성격은 원만하여 바쁠 것도 느릴 것도 없다. 수형은 매사 모든 일을 물 흐르듯 순리대로 처리하려고 하나 상대적으로 토형은 꿈적하지 않는다. 토형은 자신도 모르게 흙으로 들어오는 수를 수용해서 변화시킨다고 노력하지만 그 노력은 결과적으로 자신에게만 유리한 쪽으로 변질될 수 있다.

수형은 사교적이면서도 감정기복이 있고 한번 기분이 가라앉으면 우울해지면서 말수가 적어지고 문제점을 부풀려 생각할 가능성이 크다. 토형은 신중하고 말수가 적고 무뚝뚝한 면이 있다. 본질을 벗어나 부풀려 표현하는 수형과 이성적이고 단조로운 토형은 맞질 않는다. 일을 추진함에 있어서는 신속한 판단력과 과감한 추진력이 부족해서 지지부진해질 수 있다.

——— 얼굴 소통 심리학

·── 상생과 상극은 단순히 좋고 나쁨이 아니다 ──·

상생과 상극은 엄연하게 존재한다. 그러나 상생은 무조건 좋고 상극은 무조건 나쁘다는 이분법적 사고는 재고되어야 한다. 흔히들 상극이라고 하면 서로 대립하여 충돌하는 관계로 오해하기 쉽지만 그렇지 않다. 이긴다는 것은 다른 것을 억누른다는 것으로, 이기는 쪽에서 보면 좋으나 지는 쪽에서 보면 통제당하고 자존심 상하는 일이다. 그러나 또 다른 측면에서 생각해볼 수도 있다.

살아 있는 나무를 자를 때 도끼(금)는 나무를 쳐서 죽이니 나무에는 치명적이다(금극목金剋木). 그러나 나무를 올바르게 성장할 수 있도록 쓸데없는 가지를 쳐주고 곧게 자라게 하는 것은 좋은 일이다. 다른 예를 들면, 양잿물과 염산을 각각 따로 먹으면 죽는다. 하지만 양잿물과 염산을 섞으면 물이 되듯이 상극이라도 서로 화합하여 어떻게 쓰이느냐에 따라 그 용도가 판이하게 달라지게 된다.

생과 극은 시간과 사람, 주변 환경에 따라서 변할 수 있다. 때문에 좋다가도 싫어질 수 있고 싫다가도 좋아지기도 하는 것이 우리 인생사 아니겠는가? 왜냐하면 이 세상의 모든 것은 어떻게 쓰이느냐에 따라 좋을 수도 있고 나쁠 수도 있기 때문이다.

음식도 그렇지 않은가? 예전에는 입에도 대기 싫어하던 것을 어느 순간 좋아하게 되고, 매운 것을 무척이나 잘 먹던 사람이 어느 날부터는 입에도 대지 않는다. 사람도 곁에 없으면 죽을 것처럼 지내다가도 어느새 헤어지기도 하고, 다시는 안 볼 것처럼 지내다가도 어느 순간 달싹 붙어 지내는 경우도 가끔 본다.

　서로 다른 기질이 만날 때 소위 '케미(Chemistry)'가 나온다. 나의 볼록한 부분을 상대의 오목한 부분에 맞추는 것은 타협이 아닌 화합이요, 균형과 조화를 찾아가는 진정한 인간관계의 지혜가 될 수 있다. 서로가 상극이라고 무작정 피하기보다 화합할 부분을 찾아보자. 시너지는 "정(正) + 반(反) = 합(合)"에서 탄생하지 않던가. 상극이라도 화합할 부분을 찾는다면 새로운 기회가 열릴 수 있다.

관계는 얼굴에서 시작된다

── 상대에게 마음과 정성을 다하라 ──

일정한 정도 이상으로 사업규모를 키우고 나면 그때부터 리더의 역할은 대부분 의사결정과 의사결정을 따르게 하는 원활한 커뮤니케이션이 된다. 그래서일까? 카네기공학대학에서 성공한 사람 만 명을 조사해서 그들의 성공요인을 분석한 결과에 따르면, 전문적기술이나 뛰어난 두뇌가 성공요인이 된 사람은 15%였고 나머지 85%의 성공요인은 성격 때문이라는 결과가 나왔다. 여기서 성격은 다름 아닌 바람직한 인간관계를 의미한다.

통계를 이야기하지 않아도 우리 주변에서는 특출난 기술이나 재능 없이도 성공을 이룬 사람을 찾을 수 있다. 이들은 커뮤니케이션 능력이 탁월하다. 남을 설득시키고 행동하게끔 만드는 재능을 가지고 있다. 그것을 성격이라 표현한다.

"남과 사이가 좋지 못하거나 그 사람이 당신과 있는 것을 싫어하거나 당신이 옳은데도 그 사람이 동조하지 않으면, 그 사람이 책망받을 것이 아니라 정작 책망받아야 할 사람은 바로 당신이다. 왜냐하면 당신이 그 사람에게 마음과 정성을 다하지 않았기 때문이다."

러시아 문학을 대표하는 세계적 문호 톨스토이의 말이다.

우리는 태어나면서부터 부모로부터 시작해 다양한 인간관계를 맺으며 살아가고 그 관계는 죽기 직전까지 이어진다. 산다는 것은 무엇인가? 혼자서 살 수는 없다. 남들과 같이 살아가면서 서로 도움을 주기도 하고 받기도 하면서 살아가는 것이다.

강의를 다니다 보면 인간관계로 힘들어하는 사람들을 많이 만나게 된다. 수많은 인간관계 속에서 만나면 득이 되는 사람도 있고 만나면 상처만 주는 사람도 있다. "그런 사람인 줄 몰랐다." 누군가에게 한번쯤은 들어본 말이다. 그것은 바로 사람들이 내 맘 같지 않기 때문이다. 다른 사람들은 나처럼 생각하고 느끼고 행동하지 않는다.

인간관계는 스트레스를 받게 하는 주요 원인으로 꼽힌다. 20대는 '진로 및 취업'이 가장 큰 스트레스지만 30대 이상은 모두 '주변 사람과의 갈등'이 가장 높은 스트레스의 원인이었다. 특히 대다수 직장인이 회사 내에서 직장 동료, 상사와의 관계에서 겪는 마찰로 스트레스를 호소하는 것으로 나타났다. 직장 내에서의 다양한 갈등은 결국 사람이 서로 '다르다'는 사실을 인정하지 않는 데서 비롯

된다.

『대학(大學)』「정심(正心)」편에 이런 구절이 있다. "마음이 없으면 보아도 보이지 않고 들어도 들리지 않고 먹어도 그 맛을 모른다." 상대방과 진정으로 소통하기 위해서 우리가 가장 먼저 해야 할 일은 마음의 문을 열고 상대방을 바라보는 나의 모습을 바라보는 것이다. 그리고 상대방의 관점을 있는 그대로 인정하는 것이다.

• ─── 소통은 오행 스타일로! ─── •

소통 방향 즉 일방적이냐 쌍방적이냐에 따라서도 공감 능력에서는 큰 차이가 난다. 소통은 내가 하고 싶은 말만 일방적으로 쏟아붓는 따발총식 발언이 아니다. 일방적 소통은 공유의 폭이 적어 공감을 일으키기 어렵지만 쌍방적 소통은 비교적 의사가 정확히 전달되고 공유의 폭이 넓다. 물론 노력과 시간이 필요하다.

부처가 연꽃을 들어 대중들에게 보였을 때 사람들은 그것이 무슨 뜻인지 깨닫지 못하였으나 제자 가섭은 참뜻을 깨닫고 미소를 지었다는 일화가 있다. 바로 '이심전심'이다. 다시 강조하지만 상대방과 통하고 공감해서 원하는 바를 얻는 것이 커뮤니케이션의 핵심이라고 말할 수 있다.

따라서 상대방의 이야기에 적절히 공감하고 반응해야 한다. 공감과 반응은 상대방이 내 얘기를 진심으로 경청하고 있다는 것을 확인시켜주는 신호이기 때문이다. 아무리 집중해서 듣고 있어도 적절한 공감과 반응을 보이지 않으면 상대방은 자신의 의사가 제대로 전달되고 있다는 느낌을 충분히 받지 못하게 된다. "아프냐? 나도 아프다"라는 오래전 드라마 '다모'의 명대사는 상대방의 마음에 대한 공감을 잘 보여주는 말이다.

스마트한 시대에 소통의 수단은 점점 첨단화되어가고 있다. 하지만 소통의 본질은 시대가 변해도 변하지 않는다. 나의 소통 스타일을 알고 상대의 소통 스타일을 아는 것이 그것이다. 그리고 그 상대는 상대의 가족, 친구, 회사동료, 지인 등으로 넓혀가면 된다. 그들이 나와 상생 관계라면 그 관계를 더욱 발전시키면 되고, 나와 상극 관계라면 그에 대한 보완책을 찾으면 된다. 다음 오행 소통 스타일을 자신과 주변 사람들을 생각해보며 읽어보자.

木 개방적, 열린소통, 원만한 대인관계, 도전정신, 자신감

火 열정적 소통, 명확, 분명, 비밀이 없음

오행 소통법

水 개방적 소통, 유연함, 융통성, 냉정한 판단

土 인간적 소통, 중재, 종용, 포용력, 신중함

金 논리적 소통, 결단력, 자기절제, 소신

──── 얼굴 소통 심리학

얼굴을 읽는
5가지 키워드

얼굴은 오행의 특성에 따라 5가지 유형으로 구분된다.
타고난 얼굴 스타일이 삶의 스타일이 되는 법.
먼저 나의 얼굴을 살피고 상대의 얼굴을 살펴 소통의 지혜를 갖추자.

목(木)
총명하고 진취적인 도전가

— 갸름하고 길쭉한 얼굴의 목형 —

『황제내경』은 오행의 특성에 의거하여 인체를 5종으로 나누고, 각각의 유형마다 체형, 피부색, 성격, 자연계의 적응능력 등에서 차이가 있으니, 이를 목(木), 화(火), 토(土), 금(金), 수(水)라는 오행의 속성을 응용해 묘사하고 있다.

간과 쓸개가 발달된 체질이 목형(木形)이다. 『황제내경』에서 목형인은 "안색은 약간 푸른 기가 있고 머리는 작으며 얼굴은 길다. 어깨와 등이 크고 몸이 꼿꼿하며 손발이 작다. 재주가 많고 정신노동이 많으며 힘이 적다. 근심이 많아 일에 매달린다"고 기록되어 있다.

목형인의 몸 체질은 간과 쓸개를 보호하기 위해 오른쪽 갈비뼈가 길게 내려와 상대적으로 상체가 길다. 얼굴 체질은 목기(木氣)인

물질 파동이 하늘을 향해 곡직(曲直)하는 것과 같이 위로 성장하기 때문에 얼굴이 갸름한 편이다. 마음 체질인 성격은 인자하고 부드러워서 완만한 성품을 지니고 있다.

『마의상법』에서 묘사된 목형은 늘씬한 모습을 하되 마르고 쭉 곧고, 키가 크고, 마디가 드러나고 머리는 높으며, 이마가 솟은 형상이다. 혹 목형이 뼈가 굵거나 살이 많이 찌거나 허리와 등이 납작하거나 얇으면 좋지 못한 격이라 한다. "형체가 모진 듯하고, 뼈는 굵지 않으며 늠름한 기상에 길쭉한 것이 목형이라, 눈썹과 눈이 또한 수려한 기상을 띠었으면 모름지기 늦게 영광을 누리게 된다"고도 쓰여 있다.

목형의 얼굴 특징을 보면 우선 얼굴형이 갸름하고 길다. 얼굴이 말라 보인다. 이마가 상하로 폭이 넓고 높다. 이목구비가 중앙에 몰려 있다. 귀의 모양도 상부가 넓은 모양에 하부가 좁거나 귓불이 빈약한 편이다. 콧날이 선 높은 코로 콧등이 뾰족하고 콧방울은 그다

목형의 얼굴 특징과 손

—— 얼굴 소통 심리학

지 옆으로 빵빵하지는 않다. 눈이 작으면서 좌우로 길고 눈썹은 가늘고 부드러우며 좁은 초승달형이다.

입은 얇고 작은 편이며 구각이 단단하게 조여 있고 탄력이 있다. 머리카락은 가늘고 부드러우며 수염이 짙게 나지 않는 사람이 많다. 역삼각형과도 같은 모양이고 미남 미녀의 얼굴에서 자주 볼 수 있다.

손금은 가늘고 피부는 깨끗하고 손과 손가락이 가늘고 길쭉하다. 간혹 창백하게 보이기도 하고 표정은 어딘가 기품이 있어 보이며 단아한 인상에 용모단정한 편이나 차가워 보일 수도 있다. 잘생긴 사람도 많고 착해서 인기도 많다.

·── 나무둥치 같은 몸, 명료한 목소리 ──·

목(木)은 성장하는 기운이 강하기 때문에 전체적으로 길쭉길쭉하다. 어깨와 등이 곧고 바르다. 마치 나무와 같이 팔다리가 길쭉하고 마른 편이다. 그러나 튼실하게 우람한 나무처럼 목형 중에서도 살집이 있고 탄탄하게 체격이 좋은 사람도 많다.

목형 중에도 살이 찌고 튼실한 사람도 있으나 대개 팔다리가 크고 길며 말랐는데 체격이 좋은 경우는 모두 목형이다. 만약 목형으로서 뼈도 아주 굵고 살도 튼실하게 쪘는데 의외로 허리나 등이 옆에서 볼 때 얄팍하면 운세가 약하다. 앞에서 볼 때 다소 널찍하면서 옆에서 볼 때도 마치 나무둥치가 둥글듯이, 전체적으로 좀 둥그스

레한 맛이 있어야 한다. 너무 살이 쪄도 안 되고 너무 뼈가 굵어도 안 되며, 허리나 등이 얄팍하거나 굽지 말아야 한다.

바짝 마른 목형이라도 목형의 체형을 제대로 갖추고 있으면 재복이 좋다. 스포츠나 구기운동을 해도 근육 발달에는 효과가 없다. 영양이 풍부한 음식을 먹어도 살이 잘 찌지 않는다.

얼굴에 푸른빛이 감돈다면 자신이 가진 형태와 기색이 잘 어울린다고 볼 수 있다. 만화영화에 나오는 스머프 인형처럼 초록색을 띤 얼굴은 없지만 하얀 얼굴빛에 살짝 푸른 기운이 보이는 정도면 푸른색이 지배적이라고 볼 수 있으며 목의 색상이 드러난 것으로 볼 수 있다. 일반적으로 심플한 디자인을 선호하며 색상도 눈에 잘 드러나지 않는 중간 톤의 수수한 느낌을 좋아한다.

목형의 목소리는 비교적 명료하고 말끝이 확실하며 조용히 말해도 소리가 멀리까지 가고 높낮이가 별로 없이 안정되어 있다. 논리적이며 말하는 데 조리가 있어 상대를 설득시키거나 이해하게 만드는 데 유리한 편이다. 대체로 말수가 적은 편이지만 자신이 잘 아는 분야에 대한 이야기가 나오면 끝없이 말이 이어진다. 목소리가 탁 트인 가운데 그윽함이 담겨 있는 것을 좋아하고 우는 소리나 찢어지는 듯한 소리는 꺼린다.

⸺ 자기주장이 강한, 강직한 선비 스타일 ⸺

목형은 어떤 목적을 달성하고자 하면 어린 새싹이 흙을 뚫고 대지로 뻗어나가듯 자신이 하고자 하는 것을 막는 힘에 대하여 강하게 저항한다. 난관을 헤쳐나가는 힘이 강하다. 그것이 조금 강해지면 잘못된 것인 줄 알면서도 우기는 모습을 보게 된다. 부러지면 부러졌지 굽히지 않는 선비의 모습을 느끼게 된다.

공부에 뜻을 두면 열심히 하여 학문에 통달한다. 돈 버는 것을 목적으로 하기보다 자기가 좋아하는 것을 하다 보면 그 방면에 전문가가 된다. 그러다 보면 돈이 자연히 따라온다. 목성은 나무를 닮았으니 속이 알차고 은근하며 조용한 분위기를 좋아하고 처세에 빈틈이 없다.

생각이 깊고 말수가 적은 내성적인 성격이며 대인관계에서 교제의 폭이 좁아 복잡하고 다양한 업무처리에 적극적 추진력이 약하다. 정신력은 강하지만 체력은 다소 떨어진다. 지식에 대한 욕구가 강하기 때문에 다양한 분야에 대해 왕성하게 독서를 한다. 자기가 좋아하는 관심 분야에 몰두하기를 좋아한다. 사물이 작동하는 원리나 철학적인 질문에 흥미를 보인다.

목형은 사람들이 지나치게 자기를 주목하거나 살피는 것을 싫어한다. 반면 자신의 적성에 맞는 일을 찾아내면 마니아가 된다. 주변에서 뭐라고 하든지 자기가 하고자 하는 바를 멈추지 않는다. 자기가 하고 싶은 것을 할 때 최고의 행복감을 느낀다.

예민하고 신경질적인 면이 있어서 사람을 사귀는 데 시간이 걸리고 사색의 시간을 즐긴다. 하지만 인정이 많고 배려심이 강해서 한번 정을 주면 깊게 주며 헌신적인 면이 강하다. 총명하고 영리하며 학문, 연구, 개발, 교육, 출판 등에 능력이 있다.

─궁정적인 성격

- 곧고 강직하고 바르다.
- 어떤 일을 할 수 있는 능력을 갖추거나 어떤 일에 합당한 인물이 되기 위해 부단히 노력한다.
- 복잡하고 혼란스러운 일이 생겨도 감정을 절제하고 냉철한 이성으로 침착하게 문제를 해결하는 능력이 뛰어나다.
- 앞날을 내다보는 예지력이 뛰어나고 타인의 유혹에 잘 넘어가지 않는다.
- 다른 사람의 속마음을 꿰뚫어보며 논리가 강하고 설득력이 있다.
- 예의범절이 바른 편이고 매사에 치밀하고 꼼꼼하게 일을 준비하여 처리하므로 실수가 별로 없다.
- 복장이 단정한 편이고 실내를 잘 정돈하며 더러운 것이 눈에 띄면 곧 치워야 한다.

─부정적인 성격

- 주관적이며 자기주장이 강하여 타협을 하려고 하지 않는다.
- 자신의 전문 분야 내에서 옳다고 생각하는 특정 논리를 중심으로

모든 것을 꿰어 맞추려는 경향이 있다.

- 상대방이 완전하고 원만한 인격자이기를 바라기 때문에 자기도 완전해지기 위해 노력한다.
- 자기가 저지른 작은 과실에도 심각한 마음의 상처를 입고 좌절하여 밤에 잠을 잘 이루지 못하곤 한다.
- 스스로 납득이 안 되면 움직이지 않는다.
- 쉽게 결단하고 변덕이 심하다.
- 남에게 가슴 아픈 말을 잘한다.
- 욕심이 많아 일을 많이 벌이지만 성과를 잘 내지 못한다.
- 인간관계도 체력소모, 에너지 낭비로 보기 때문에 사람들과 어울리기보다 혼자 있는 시간을 즐긴다.

·── 대한민국은 대표적 '목국' ──·

대한민국은 목국(木國)이라 우리 국민의 50% 이상이 목형으로 알려져 있다. 머리가 좋으며 학문에 큰 뜻을 품은 경우가 많다. 목형은 학자나 종교인뿐만 아니라 인내를 요구하는 예술가에도 많이 포진해 있다. 순수한 목형은 복이 많아 노후에도 부유하게 산다.

만약 목형에 속하는 사람이라면 목형의 모든 특성을 다 갖추어 똑떨어지는 목형이 되는 것이 가장 좋다. 바짝 마른 목형이라도 제대로 목형의 체형을 갖추었으면 재복이 있다. 자세가 바르지 않고 뼈가 튀어나와 보이면 병에 잘 걸리고 고생할 수 있으니 주의해야 한다.

나무가 그늘을 만들듯 편안한 기질이니 주위에 사람이 모인다. 목형은 대개 인복이 많다. 허나 그 기질이 온화하여 리더보다는 스승에 가깝다. 또한 목형에 단단한 금형 기질이 들어가면 운동에 무척이나 소질이 있으니 대단한 선수가 되기도 한다.

목형의 대표적 인물로는 정몽준, 버락 오바마, 이회창, 스티브 잡스, 반기문(유엔 사무총장), 이해진(네이버 창업자), 김현정(가수), 손학규, 이문세(가수), 홍진경, 허창수(기업인), 신격호 롯데그룹 회장, 오세훈, 이광수(연예인), 마크 주커버그, 빌 게이츠, 개그맨 전유성 등이 있다. 역사적 인물로는 정약용, 추사 김정희, 퇴계 이황, 율곡 이이 등이 대표적이다.

•── 영원한 한국의 스승 '퇴계'는 대표적 목형인 ──•

조선의 많은 선비 중 어진 인품과 뛰어난 학식으로 당대 백성은 물론 임금의 존경까지 받았던 인물이 몇 명이나 될까? 이황은 어지럽고 탁했던 조선 중기, 누구도 감히 시비를 걸지 못할 만큼 깨끗한 선비였으며 높은 학문적 업적을 이룬 당대 최고의 학자이자 시대의 스승이었다.

천 원짜리 지폐에 새겨진 퇴계 이황(1501~1570)의 얼굴은 전형적인 목형 얼굴이다. 목 기운은 음양오행에서 제일 처음 시작되는 기운으로 부드러운 성질을 가지고 있다. 성격으로 표현하자면 부

───── 얼굴 소통 심리학

드럽고 온화하며 따뜻한 성격이다. 새로운 지식을 습득하고자 하는 욕구가 왕성하고 주위에 새로운 기술이나 학문을 보급하는 데 열의가 있다.

이 유형은 머리가 발달하고 총명하되 이상을 추구하는 학자의 표상이라고 볼 수 있다. 체형이 곧고 손가락이 가늘고 길며 눈 또한 길고 가늘며 반짝이는 눈빛을 가지고 있다. 목형 중에는 예의가 바르고 신의가 있는 곧은 성격의 소유자가 많다.

퇴계 선생의 얼굴을 보면 전체적으로 살이 별로 없다. 얼굴에 살이 적어 뼈가 도드라지게 드러나고 코가 긴 사람은 강직한 성격의 소유자라 타협이 쉽지 않다. 이런 인상을 가진 사람들은 소신이 지나치게 강하다. 사심이 적고 나라를 위해 직언도 마다하지 않는다.

퇴계의 얼굴에서 눈에 띄는 부분은 귀 부위로 다른 사람에 비해 유난히 상부에 위치해 있는 것을 알 수 있다. 이처럼 귀가 상부에 위치한 경우 높은 식견과 지식을 가진 인물로 평가되며, 이 인물은 냉철해서 사사로운 감정에 좌우되지 않는다. 최고의 학자임에도 일체의 벼슬을 마다하고 고향에서 후진양성에만 매진했던 퇴계의 삶과 정확히 일치하는 셈이다.

대개 평생을 공부해도 어떤 분야의 전문가가 되면 사고가 편협해지고 완고해지기 쉬운데 이황은 그렇지 않았다. 제자들이 질문하면 이황은 늘 깊이 생각해서 답을 주었고 자신의 생각이 틀리다고 판단되면 과감하게 수정하기도 했다.

조선을 지배했던 학문인 성리학을 집대성하고 도산서원을 통해 인재를 양성했던 당대 최고의 학자 퇴계 이황. 그가 살던 고을 백성이 어떤 잘못된 행동을 하면 퇴계 선생께 누가 될까봐 스스로 조심하였다는 이야기가 있을 정도로 이황은 그 존재만으로도 제자들뿐만 아니라 많은 이에게 본보기가 되는 진정한 스승이었다.

화(火)
순수하고 열정적인 예술가

—— 럭비공 모양의 개성적 얼굴 ——

화형(火形)은 심장과 소장이 발달한 체질이다. 『황제내경』에서는 화형인을 두고 "안색이 붉고 잇몸이 넓으며, 얼굴이 뾰족하고 머리가 작으며 어깨와 등 그리고 대퇴부와 복부 발육이 좋다. 또 손발이 작고 걸을 때 부드럽고 편안하게 땅을 밟는다. 걸음이 빠르다. 어깨와 등이 풍만하고 기가 많으며 믿음이 부족하고 걱정이 많으며 사리가 밝다. 얼굴이 좋고 마음이 조급하다"라고 설명하고 있다.

화형인은 발달된 심장을 보호하기 위해 어깨가 넓고 이마도 넓어 염상(炎上: 불이 타오르는)하는 형상을 갖고 있다. 불이 타올라 확 퍼지는 모양은 삼각형을 거꾸로 세워놓은 모양이다. 이마가 넓은 것이다.

『마의상법』에서는 "위가 뾰족하고 아래는 넓으며, 또는 위는 날카롭고 아래는 풍만하며, 그 성품이 조급하고 살빛이 붉은 것을 화형의 참모습이라 한다. 위는 뾰족한 듯하며 불꽃이 위로 타오르는 형상과 같고 활발하다"고 했다. "화형의 모습을 알고자 하면 아래는 넓고(턱) 위 머리(이마)는 뾰족한가를 살펴라. 거동이 전혀 안정됨이 없고 양 구레나룻에 수염이 적은 자니라"라고도 했다.

풍후한 얼굴이라 했으니, 위는 뾰족한 듯하며 마치 불꽃이 위로 타오르는 형상을 말하며, 색은 붉고 기는 활발해야 올바른 격이라 했다.

화형은 얼굴이 불규칙적으로 생겼으며 뾰족한 면이 많다. 머리가 럭비공 모양이다. 촛불처럼 뾰족하게 생긴 삼각형(△)이거나, 불이 타올라 확 퍼지는 역삼각형(▽)의 얼굴은 모두 화형으로 본다.

귀가 뾰족하고 눈썹 위에 위치하며 귀의 연골이 튀어나와 뒤로 뒤집어져 있고 귓불이 없는 경우가 많다. 눈매는 눈꼬리가 약간 위

화형의 얼굴 특징과 손

—— 얼굴 소통 심리학

로 올라간 듯한 일자형이다.

눈빛은 날카롭고 단호한 느낌이 든다. 콧대가 튀어나오고 눈 주위는 붉으며 광대뼈가 앞으로 조금 나와 있고 살도 조금 붙어 있다. 또한 입이 얇고 작으며 뒷머리가 발달한 짱구형이 많다.

얼굴과 피부가 투명하고 얇으며 붉은 기색을 띠고 있다. 말을 할 때는 표정과 감정이 풍부하고 사람들에게 호감을 주는 인상에 뜨거운 열정을 느끼는 흡입력이 강하다. 전체적으로 자신만의 개성이 뚜렷해서 외모상 독특하다는 소리를 많이 듣는다.

·── 상체 발달형의 미남 미녀 ──·

체형은 전체적으로 마른 사람이 많고 몸의 비율을 보면 상체가 잘 발달되어 미남 미녀가 많다. 하반신으로부터 위로 갈수록 가늘어지며 손과 발이 전체적으로 뾰족한 형태이다.

손바닥이 얇은 것이 특징이다. 체형은 표준형이며 곡선미가 발달해 들어갈 곳은 들어가고 나올 곳은 나온 균형 잡힌 몸매로 연예인들이 많은 것이 특징이다.

자세는 일자형으로 다부지고 바르다. 워낙 움직임이 많다 보니 대체로 살찔 겨를이 없다. 몸 전체가 자기를 표현하는 의사소통의 수단이다. 선천적으로 디자인 감각과 색채 감각이 뛰어나 어떠한 의상을 입어도 독특한 매력을 풍긴다. 옷 입는 스타일을 딱히 한 가지로 규정할 수 없을 정도로 다양하게 입는다.

화형의 목소리는 말솜씨를 갖추려고 노력하나 빠르며 급하고 높낮이가 가장 심하다. 화음은 타듯이 세차고 건조하며 격렬하다. 흥분을 잘해서 목소리 톤이 쉽게 올라가며 이때는 마치 불꽃이 요란하게 타오르는 소리와 같다. 말투는 기분에 따라 크게 차이를 보이는데 화가 나면 냉소적이거나 히스테릭한 말투로 돌변하기도 한다.

상상력과 묘사력이 풍부해서 모든 이야기를 마치 눈앞에 벌어지는 일처럼 생생하게 표현해낸다. 과장도 잘하고 사람들이 눈치 채지 못할 정도로 그럴듯하게 꾸며내기도 한다.

● ─── 싫고 좋음이 분명하고 솔직한 성격 ─── ●

화형의 기질과 성향을 보면, 목적을 달성하기 전에는 물러서지 않으나 지혜와 계획성이 부족하여 부지런하지만 지나치게 단순한 면이 있다. 말하지 않아도 스스로 해야 할 일을 잘한다. 모든 것에 대해 아는 체하고 간섭하길 좋아한다. 승부욕이 강해서 뒷전에 서는 것을 싫어하기 때문에 어떤 한 분야에서 재능을 발휘하게 된다. 그런 만큼 자존심을 지키려 노력하는 덕분에 허점을 잘 보이지 않고 자기관리가 철저하며, 명예욕이 강하여 목표에 대한 달성의욕이 지대하고 이루려는 의지가 높다.

자기 자존심과 위상을 강조하는 만큼 남을 배려하거나 헌신하는 면이 적고, 뜻대로 이뤄지지 않으면 신경질과 짜증을 내고 자기를 심하게 탓하는 성향이 있다. 특히 굳센 의지와 부지런함으로 계획된 임무를 완수하는 책임감이 강한 반면에 너무 고집이 세고 강해서 가끔 주위로부터 고립될 수 있는 단점이 있다. 속으로 생각하는 것이 겉으로 드러나며, 싫고 좋은 것이 분명하고 솔직하다.

― 긍정적인 성격

- 명랑, 개방적이고 말을 잘하며 발 빠르게 변화한다.
- 새로운 환경에 적응을 잘하고 새로운 일을 즐긴다.
- 상상력이 풍부하며 틀에 얽매이지 않고 자유롭게 생각하기 때문에 다른 사람들이 미처 생각하지 못한 것들을 많이 생각해낸다.
- 민첩하고 날렵하기 때문에 순발력을 요하는 일에서는 발군의 힘을 발휘한다.
- 하고 싶은 일이나 하고자 하는 일에 대한 의식이 분명하고 자기 분야에서만큼은 최상의 자리에 오르고 싶은 열정과 승부근성을 갖고 있다.
- 위아래 구분이 명확하고 예의가 있으며 불의를 보면 참지 못한다.
- 모든 행동에 규칙이 없고 자유로우면서 화려하고 감각적이다.

― 부정적인 성격

- 자기주장이 분명하고 강하여 바른 말을 잘하며 주변과 부딪침이 있다.
- 성격이 급하고 흥분하면 물불을 가리지 않는다.
- 주변을 잘 살피지 않고 행동을 서슴지 않으며 비밀이 없다.

- 급하고 욱하는 다혈질 성격 탓에 성급하게 일을 해결하려다 그르치는 경우가 잦다.
- 솔직하지만 말실수가 많아 인간관계에서 곤욕을 치르는 경우도 있다.
- 처음에는 일을 잔뜩 벌여놓고 나중에 약속을 지키지 못해 중도에 포기하여 용두사미가 되는 경우가 있다.
- 뒷심이 약한 게 흠이다.
- 정열적이기도 하지만, 깊이는 없이 즉흥적인 열정인 경우가 많다.
- 성격이 감정적으로 치우칠 수 있어서 순간적인 기분에 좌우될 때가 많다.
- 자신만의 생각이나 직관에 따라 행동하며 조직적인 틀이나 규칙에 구속받는 것을 몹시 싫어한다.
- 종잡을 수 없는 감정의 기복으로 안정되게 큰일을 못하는 경우가 많다.

·── 일본은 대표적 '화국' ──·

화국(火國)인 일본에서 화형인은 정화형과 목화형(木火形)으로 양분되는데, 우리나라에서는 목화형이 주류다. 우리가 한국인과 일본인을 쉽게 구분하는 이유도 턱의 생김새가 다르기 때문이다. 목화형은 이마가 넓고 눈이 큰 편이며 입은 크지 않다. 반면 턱 선은 갸름한 편이며 광대는 높지 않다. 여성들이 선호하는 V라인은 목화형이다.

화형 체질인데 입이 너무 크거나 배가 나오면 수형과 혼합된 것으로 수극화(水剋火)가 되어 좋지 않다. 하지만 순수한 화형의 체질을 잘 타고난 사람은 불꽃처럼 밝고 맑아 지혜가 뛰어나니 사회적으로 대성할 수 있다.

살은 땅을 상징하는 것이라 어느 정도 두터워야 하는데, 화형은 다소 얇은 편에 속하므로 오행형 중에서 복이 제일 처지는 형으로 본다. 그러나 불꽃이 티 없이 맑고 깨끗하고 순수하듯이, 화형은 오행형 중에서 가장 영혼이 맑고 욕심이 없으며 착한 심성을 타고난 형이다. 이러한 화형의 순수한 기질과 체형을 타고난 사람은 불꽃의 밝고 맑음을 그대로 지니고 있어 지혜가 뛰어나 좋은 기틀을 이루어 대성할 수 있다. 예술적 재능과 사교성이 풍부하여 잘 개발하면 정치, 외교, 문학, 예술 부문에서 빛을 보며 인기연예인으로 대성할 수 있다.

화형은 위로 상승하려는 특성이 있어 순진하고 노골적이며 착하여 사기꾼에게 당하기 쉬우므로 이 점을 항상 주의하면 길한 운으로 생을 살게 된다. 그러나 성질이 급한 것이 큰 단점이므로 느긋하게 사는 습관을 길러야 한다.

화형의 대표적 인물로는 강호동, 정용진(신세계 부회장), 박명수, 고 노무현 대통령, 철학자 강신주, 배우 공유, 김성령, 김성태(국회의원), 나경원, 전원책(변호사), 황정음, 현빈, 고수, 고소영, 김희선, 송지효, 손담비 등이 있고, 역사적 인물로는 이준 열사, 안중근, 지석영, 김구 선생, 제갈량 등이 있다.

모든 일상을 예술로 승화시킨 화형인 '앤디 워홀'

팝 아트의 제왕, 팝 아트의 살아 있는 신화, 팝 아트의 슈퍼스타, 그를 수식하는 수많은 찬사처럼 앤디 워홀은 팝 아트의 고유명사이다. 앤디 워홀은 만화, 언론보도 사진, 영화배우 초상도 작품의 소재로 삼았다. 현대 생활에서 흔히 보는 소재를 예술의 주제로 등장시켜 그것을 다시 바라보도록 만들었다. 이처럼 일상생활 속에서 소재를 얻어 전통적인 예술 개념을 깬 미술을 팝 아트라고 한다.

앤디 워홀은 전형적인 화형으로 자신이 하는 일을 표출하려는 성향이 있으며, 화려함을 중시하고 화의 기운이 강해 추진력, 판단력, 적극성이 강하다.

귀는 1세~14세의 유년 시절을 볼 수 있는 부위인데, 앤디 워홀의 귀를 보면 매끄럽게 형성되지 않아 튀는 기질로 자아가 강하면서 개성이 뚜렷해 구속받는 것을 싫어하는 자유로운 영혼의 소유자임을 알 수 있다. 그는 반짝이는 아이디어와 뛰어난 판단력을 지녀 한번 마음먹은 일에 포기가 없고 끝까지 밀어붙이는 성격이다. 가난한 형편이었지만 어머니가 앤디 워홀의 예술적 재능을 알아보고 아낌없이 지원해준 덕분에 마음껏 그림을 그리며 창의력을 키워나갈 수 있었다고 한다. 후에 그는 물질을 추구하는 사업적 예술을 개척한다.

어린 시절 눈썹은 둥근 편이었으나 어른이 되면서 일자눈썹이 되어 곧게 위로 올라갔다. 마음이 곧아 일편단심이고 대담성이 있

는 성격으로 남이 시도하지 않은 영역에서 끊임없는 희망을 보고 욕구를 추구하는 성향이다.

　20년간 자신의 점심 메뉴로 애용했던 캠벨 수프 캔을 비롯하여 코카콜라병, 델몬트 깡통, 하인즈 케첩, 달러 등 일상적인 모티브로부터 마릴린 먼로, 재클린 케네디, 마이클 잭슨과 같은 인기스타들까지 서로 다른 색의 반복된 이미지를 무한정 찍어내기 시작했다. 광고냐 예술이냐의 거센 논란을 불러일으켰던 이 작품들은 이제 앤디 워홀을 상징하는 대표작들이 되었다.

　"사업을 잘하는 것이야말로 최고의 예술이다"라고 공언할 만큼 그는 자신의 삶을 다양한 프로필로 채워갔다. 특유의 자유분방함과 솔직함, 예측불허의 괴짜 기질은 화형의 특징으로, 단숨에 인기스타로 떠오른 그의 곁에는 리즈 테일러, 리처드 기어, 조르지오 아르마니 등 유명 인사들이 늘 끊이지 않았다.

　중년의 운세와 재물을 보는 콧대가 유난히 높고 콧방울이 둥글게 발달한 것으로 미루어 순수예술보다는 상업성이 매우 강한 사업적 예술을 했고 금전적인 결과에 더 주목했는지 모른다. 입의 양 구각이 날카롭게 맺혀 의지력과 결단력이 있고 큰일을 맡아 끝을 맺는 운명에 잘 놓인다. 또한 워홀의 얇은 입술은 이성적이고 정이 옅은 측면을 드러낸다.

후에 워홀은 〈라이프〉지가 선정한 1960년대 가장 영향력이 있던 인물로 비틀스와 함께 뽑히기도 했다. 평생 독신으로 지낸 워홀은 남의 눈치 보지 않고 독창적이고 모험적인 장르를 넘나들며 다방면에 걸친 예술 활동을 펼칠 수 있었고 남이 시도하지 않은 분야를 개척하였다.

화형인답게 열정을 불태우는 카르멘적인 인생을 살다 간 앤디 워홀, 매스미디어를 적극 활용한 시각적 혁명으로 순수미술과 대중미술의 경계를 뒤흔든 걸출한 팝 아티스트 앤디 워홀, 현대미술의 패러다임 자체를 완전히 바꾸어놓은 그의 독보적인 감각은 반세기가 지난 지금도 세련미가 철철 넘친다. 시대를 앞서간 예술가냐, 자본에 굴복한 상업가냐의 논란조차도 워홀의 명성에 빛을 더할 뿐이다. 그리고 아직 대중은 워홀만한 아티스트를 만나지 못했다. 앤디 워홀, 그가 죽어도 팝 아트의 살아 있는 신화인 이유이다.

토(土)
안정적이고 타인을 존중하는 화합가

── 당당한 풍채와 깊은 눈매의 소유자 ──

토형(土形)은 비장과 위장이 발달한 체질이다. 『황제내경』에서 토형인의 특징은 "안색이 노랗고 얼굴이 둥글고 머리가 크다. 어깨와 등이 예쁘고 배가 나오며 정강이가 잘생겼다. 손발이 작고 상하가 균형을 이룬다. 걷는 자세가 안정되어 있으며 모든 일에 있어서 믿음을 준다. 남을 위하는 것을 즐기며 권세를 탐하지 않고 사람과 쉽게 사귄다"라고 설명하고 있다.

『마의상법』에서 토형은 살집이 많고 돈후중실(敦厚重實)하며, 등은 둥실하게 수북하고 허리가 굵어서 그 형상이 마치 거북과 같은 것이라 하였다. 또한 "단정하고 두터우며 심중해서 큰 산과 같이 안전하다. 마음과 지모가 깊으며 도량이 넓어서 헤아리기 어렵고 신의가 두터운 인간이다." 하였다.

　토형인은 얼굴이 심중하고 허리와 등이 수북하게 살쪘으며, 형모가 헌앙(軒昻)하고 살집보다 뼈대가 중후하며 색은 누렇고 기는 밝다. 이것이 토형의 올바른 격이다. 혹, 골격이 중후하더라도 살집이 몹시 박약하고 신(神)이 어둡고 무력하면 이는 토가 엄체(淹滯)된 것이다. 얼굴에 생각이 깊고 침착한 것이 드러나며 허리와 등이 수북하게 살찌고 풍채가 좋으며 의기가 당당하다.

　토형의 외모적 특징은 머리와 얼굴은 각이 있지만 크고 살집이 두터우며 둥글다. 눈매가 부드럽고 편안하며 눈꺼풀이 두툼하면서 아래로 처져 있다. 가만히 있을 때는 명상을 하듯 눈동자가 깊어 보인다.

　이목구비 중에서 토에 속하는 코가 둥글고 두껍고 콧방울이 퍼져 있으며 입도 큼직하고 입술이 두터우며 턱도 풍부하여 전체적으

토형의 얼굴 특징과 손

　　　　　　　　　　　　──── 얼굴 소통 심리학

로 원만해 보이는 편안한 상이다. 귀는 네모꼴로 윤곽이 분명하며 힘이 있고 귓불도 크고 두툼하다.

손과 발의 살결은 부드럽고 두터워 복스러운 느낌을 주며 손가락은 짧고 굵은 편이다. 광대는 높은 편이며 하관이 넓지만 턱과 아랫입술과의 간격이 좁다.

● —— 단단한 살집, 중후한 음성 —— ●

토형은 대체로 체격이 크고 몸에 살집이 있어 둥글둥글한 느낌을 준다. 특히 등에 살집이 있어 더욱 두껍다. 순수한 토형의 등과 허리는 마치 거북처럼 넓고 두터우며 약간 구부정하다.

토형은 얼핏 보면 수형과 비슷한 면도 있으나, 수형은 살이 많은 데다 키가 작아 전체적으로 항아리처럼 둥글둥글한 모양인 데 비해 토형은 단단하면서 크고 등이 두터우면서 허리가 둥글고 목이 짧고 살집이 좋다.

등이 두꺼우면 토의 양이 강한 사람이고 배가 발달했으면 토의 음이 발달한 사람이다. 토형은 위장이 발달해서 뱃고래가 크다. 그래서 식성이 좋고 소화 흡수가 원만해서 살도 찌게 된다. 복장은 정장보다는 튀지 않고 활동이 편한 것을 선호한다. 전체적으로 외모에 별로 신경을 쓰지 않는 편이다.

토형의 목소리는 중후하나 멀리 가지 않고 가까이 들으면 약간 웅웅대는 소리가 난다. 음성은 깊고 굵어서 아랫배의 단전에서 울려나오듯이 웅장하다. 부드럽고 안정감은 있으나 말투가 느리고 높낮이가 크게 없다. 단정적으로 말하기보다는 돌려서 표현하는 편이고 항상 여러 상황을 고려하고 있어 자신의 의견을 조리 있게 말하지 못한다.

토형은 특히 목소리가 쉬지 않도록 주의해야 한다. 목소리가 쉬면 길을 가다가도 맨홀에 빠질 수 있다. '잘나가다' 보면 주변에 시샘과 방해 세력이 많을 수도 있다.

── 인간적인, 그러나 고집 센 외유내강형 ──

토형의 기질과 성격은 겉으로는 유하나 내면은 강하다(모든 생명은 겉과 속이 다르다). 외유내강형이다. 둔해 보이는 외모와 다르게 승부사 기질이 있고 책략가이다. 현실적인 성향이 강해서 감정적으로 판단하지 않고 냉정하게 일을 처리한다. 자상한 이미지로 친한 사람이 부탁을 하면 다 들어줄 것 같지만 자신에게 불필요하다 생각하거나 이익이 없다 판단되면 냉정히 거절한다.

어떤 일을 결정할 때 지나치게 신중한 나머지 때를 놓치는 경향이 있지만 대체로 실패가 적다. 성격이 낙천적이며 한 곳에 가만히 앉아 조용히 지내거나 누워 있길 좋아한다. 인정을 잘 베풀고 사교성이 있으며 정성을 다하여 사람을 대하므로 지도력도 있다.

시작은 힘들지만 일단 시작하면 될 때까지 미련스럽게 물고 늘어진다. 끈기로 불가능을 가능으로 만들어 새로운 가능성을 찾아낸다. 늘 전체를 보려고 하므로 느리지만 남들이 보지 못하는 부족한 부분을 곧 찾아내고 알게 모르게 일이 되도록 한다.

마음속으로 무슨 생각을 하는지 겉으로 잘 드러내지 않는다. 신용을 중시한다. 일단 약속을 하면 자신이 손해를 보더라도 반드시 지키는 편이다. 그래서 그런지 사업을 하면 성공하는 사람이 많다. 친분이 있는 사람의 웬만한 실수는 용납하는 포용력이 있다. 그러나 믿음을 저버리면 참지 못한다.

─긍정적인 성격

- 성격이 원만하고 주위 사람들과 화합과 조화를 잘 이루고 행동과 말에 실수하는 일이 적어 사람들로부터 신뢰와 존경을 받는다.
- 자기주장을 내세우기보다는 늘 다른 사람들의 입장을 이해하고 배려하려고 노력한다.
- 인간미가 있고 믿음직스럽고 생각이 깊은 사람이다.
- 인간관계에서 무엇보다도 신의를 중요시하고 책임감이 강하다.
- 순간순간 위기에 대응하는 순발력과 스피드는 부족하지만 어떠한 상황에서도 인내심과 끈기를 갖고 끝까지 밀고 나가는 일관성이 있다.
- 검소하고 성실하며 좀처럼 낭비를 하지 않고 헛된 말을 함부로 하지 않는다.

─부정적인 성격

- 보수적이고 고집이 세며 우직하다.
- 자신이 믿는 것만 보려고 하고 생산적이지 않은 일에 집착하며 고집을 부린다.
- 문제를 해결하기보다는 갈등을 피하기 위해 문제를 덮어둬 곪게 한다.
- 행동이 느리고 할 일을 뒤로 미루는 게으른 성향이 있다.
- 지나치게 생각을 하고 의심이 많다.
- 자신이 주장하고 고집하는 것에 대해서는 굽히지 않는 완고한 측면이 있다.
- 유머가 없고 융통성이 부족하다.
- 말이 적으며 표정변화가 전혀 없어 종종 무관심하다는 오해를 받는다.
- 연애는 잘 못해도 결혼은 잘하는 편이다.

·── 중국인의 절반이 토형 ──·

토형은 중국인의 50% 이상이라고 해도 과언이 아니다. 정말 토의 나라이어선지 그들은 둥근 편이고 널찍널찍하다. 토형은 우리나라에는 아주 적은 편이며 금토(金土)형으로 혼재된 경우가 많다. 토(土)는 중앙에서 4개의 기운을 조절하여 싸우지 않도록 달래는 역할을 한다. 어떤 조직이든 토가 있으면 분쟁을 잘 조절하여 원만하다. 사람을 측면에서 관찰하면 토형임을 쉽게 알 수 있다.

토형은 진흙처럼 부드러우면서 끈끈한 면이 있는가 하면 사막처럼 화끈하면서 냉정한 면도 있다. 그 형상이 단정하고 두툼하면서도 깊고 무거워, 마치 큼직한 산이 하나 앉아 있는 듯한 느낌을 준다. 토기는 양의 기운이 다시 음으로 하강하려고 할 때 이를 중화하는 기운을 타고났기 때문에, 체형과 성격이 또한 중용의 이치에 맞아떨어진다.

성품도 체형을 닮아서 그 속이 깊고 두터워 마음속으로 무엇을 생각하는지 겉으로 전혀 드러나지 않는다. 또한 어머니와 같은 대지의 존재로서 후덕하고 신중하게 남을 감싸는 품성이 있으며, 실수를 하는 일이 적다.

토형은 오행형 중 가장 재복이 많아, 순수한 토형을 타고난 사람은 재벌의 부귀를 겸비한다. 그러나 토형이 부실하면 오히려 가난하고 힘든 인생을 살게 된다. 재물운이 강하고 진중한 성격으로 사업가가 적합하다.

토형의 대표적 인물로는 배우 김혜수, 이건희 회장, 김부겸(국회의원), 김승연(기업인), 김혜선(배우), 심상정(국회의원), 최불암, 백일섭, 정몽구 회장, 백종원(기업인), 시진핑 국가주석이 있으며, 역사적 인물로는 방정환, 원효대사, 등소평, 장비 등이 있다.

·── 중남미의 천재 경영자 '카를로스 슬림'이 토형인 ──·

사마천의 『사기』「화식열전(貨殖列傳)」에는 "물건 값이 싸면 오를 징조이고, 비싸면 내릴 징조이니 이는 물이 낮은 곳으로 흐르는 것과 같다"는 구절이 있다. 2000년이 지난 지금도 유효한 '가격결정론'이다. 이 원리를 활용해 부를 일군 사람이 적지 않다.

한때 세계 최고 부자 자리를 놓고 빌 게이츠와 다투었던 멕시코 통신재벌 카를로스 슬림 텔맥스 회장도 그중 한 사람이다. 2015년 미국 경제 잡지 〈포브스〉가 선정한 전 세계 갑부 2위에 오른 인물 카를로스 슬림이 또한 대표적인 토형인이다.

1940년 레바논계 멕시코 이민자 가정에서 태어난 슬림은 아버지로부터 물려받은 40달러를 밑천으로 26세 나이에 부동산 사업에 진출했으며 1990년 유선 통신사 '텔맥스'를 인수하면서 부의 기반을 확고히 다졌다.

멕시코 사람들은 슬림이 소유한 병원에서 출생해 그가 가진 전력회사의 전기를 쓰며 그의 건설회사가 닦은 도로를, 그에게 속한 정유회사 기름을 넣은 차를 타고 다닌다. 전화 통화나 쇼핑, 식사를 모두 그가 소유한 회사에서 한다는 이야기가 있다.

슬림 회장은 토형상, 흙의 기질로 산이나 대지처럼 침착하고 느긋한 태도로 타인에게 신뢰감을 주어 신용을 얻는 타입이다. 후덕하고 재복이 많은 부귀형이다. 두상이 골고루 둥글어 잘생긴 편이다. 머리가 좋고 직관도 뛰어난 이마를 갖고 있다. 철학적 사고를 할

줄 아는 넓은 M자형의 이마가 특별히 발달한 턱과 균형을 이루고 있다.

그는 저소득층의 교육 강화를 위해 기부하는 다른 서방의 부호들과는 달리 직접 교육 프로그램을 제작했다고 하는데, 그저 돈을 주는 형태의 기부는 실효성이 낮다는 카를로스 슬림 특유의 철학이 담겨 있는 행동이라고 하겠다.

눈은 매우 긴 편이어서 멀리 보는 안목이 있다. 약간 처진 눈에는 올라간 눈보다 욕심이 많다. 욕심을 드러내지 않고 있다가 기회가 올 때 확실하게 챙기는 눈이다. 코는 높지도 낮지도 않아 순발력이 있으며 변화에 능하다. 경제위기가 왔을 때 오히려 부의 덩치를 키운 능력은 바로 이 코에서 나온 것이다. 그는 싼 값에 사들인 기업을 황금알을 낳는 거위로 바꾸는 데 탁월한 재능이 있었다고 한다. 그 재능이 코에 담겨 있다. 코가 두터우면서 코끝이 둥글어 일을 만드는 것을 즐긴다.

그리고 콧구멍이 보이지 않는 것으로 보아 여간해선 자신의 속내를 잘 드러내지 않으면서도 근검절약하는 습관이 몸에 배었을 것으로 보인다. 이러한 그의 코는 앞으로도 재력이 쉽게 끝나지 않을 것임을 짐작하게 해준다. 턱은 말년의 운과 그 사람의 아랫사람 복을 가늠하는 것으로 평가하는데, 우리가 흔히 팔자주름이라고 하는 법령선 밖으로 살집이 많고 턱이 길며 그 모양이 사각에 가까운 것이 좋은 턱이라 할 수 있다.

관상학의 고전인『마의상법』에서는 "이중턱인 경우는 많은 사람들을 거느리는 자리에 오르고 광대뼈와 코가 함께 발달하면 주위와 화합을 잘하며 도량이 넓다"고 설명하고 있다. 이중턱인 경우 턱의 기운이 밖으로 새지 않게 든든한 울타리 역할과 방어벽 역할을 하고 있으니, 그가 만들어놓은 경제적 업적이 오랜 세월 유지될 것으로 예상할 수 있다. 이와 같이 턱이 발달한 사람은 특히 아랫사람의 복을 많이 받을 수 있으니, 턱이야말로 기업을 경영하는 사람이라면 꼭 관심 있게 보아야 할 얼굴 부위이다.

금(金)
사색적이고 분석력 강한 리더

•── 이목구비가 반듯하고 단단한 외모 ──•

금형(金形)은 폐와 대장이 발달한 체질이다. 『황제내경』에 보면 "금형인의 특징은 얼굴이 모가 나고 안색이 하얗고 머리가 작다. 어깨와 등이 작으며 소장이 짧기 때문에 배가 작고 팔다리가 작고 뼈가 가볍다. 몸이 청렴결백하고 마음이 급하거나 욕심이 없으면서 의지가 굳세며 관리직에 적합하다"고 나와 있다.

금형인은 발달된 폐와 대장의 기운이 인체에 그대로 투영되어 다부진 몸을 소유하게 되며 굳세고, 강하고, 급하고, 억제하면서 지도력을 발휘한다. 또한 의리가 있고, 정직하고, 덕망을 갖추려고 노력하는 인격적인 면과 정중하고 이성적이어서 한쪽으로 치우치지 않는 판단력을 갖추고 있다. 그러나 규정하고, 경계하고, 단속하는 성향이 있다.

『마의상법』에서는 "금형은 맑고 작되 단단하고 방정(方正)해야 할지니 형모(形貌)가 짧으면 이는 형이 부족함이요, 살집이 단단한 자는 이르되 형이 유여하다는 것으로 길상이다"라고 되어 있다. 또한 "얼굴의 부위 가운데 가장 중요한 곳이 중정인데 삼정이 모두 방형을 갖춘 자는 금형인의 격에 들며 이로부터 입신양명함이 있다"고도 했다.

금형은 모양이 네모지고 반듯하며 뼈가 단단하고 살은 실하며 살과 뼈가 적당히 균형을 이루고 있다. 방정하고 뼈가 단단하고 살이 실하다고 했다. 그리고 살과 뼈가 적당히 균형을 이루고 색은 희고 기는 강해야 금형의 올바른 격이라 했다. 혹 기국이 단촉하고 기울어지고 뼈는 적은데 살만 많으면 유약해서 튼튼하지 못하므로 금형의 올바른 격이라 할 수 없다.

금형의 얼굴 특징은 얼굴에 각이 있고 이목구비가 분명한 서구

금형의 얼굴 특징과 손

————— 얼굴 소통 심리학

적인 외모라는 것이다. 광대뼈가 나와 있으며 턱의 양옆이 각이 져서 그다지 살이 붙지 않은 것이 이 얼굴의 특징이다. 이마도 넓은 편이 아니며, 눈은 가늘고 길고 눈꼬리는 살짝 위로 올라간 편이며 힘이 있고 눈빛이 강한 편이다.

입은 크고 한일자형으로 얇은 편이며 평소에는 입을 굳게 다물고 있는 편이지만 말할 때나 웃을 때는 큰 목소리로 호탕하게 웃는 사람이 많다. 코는 뼈대가 굵고 탄탄하며 콧방울이 퍼져 있다. 귀는 눈썹보다 높게 위치하며 귓바퀴가 작다. 귀의 윗부분이 작고 얼굴보다 희며 귓불이 넓고 두툼하다. 눈썹은 굵고 진하고 일직선이다. 차갑고 단단하며 이지적인 이미지를 갖고 있다.

금형은 금석의 모나고 치밀한 성질을 닮아 짜임새가 있으며 얼굴빛이 희다. 이목구비와 치아 등이 삐뚤어짐이 없이 단정하고 단단하게 생겨, 조화롭고 수려한 맛이 있다.

·── 로봇의 체형, 도전적인 목소리 ──·

금형의 체형은 폐가 크기 때문에 자연히 폐를 보호해야 할 흉곽이 크게 발달했다. 그래서 키가 작고 아담하지만 뼈대가 단단하고 어깨가 넓다. 손은 단정하고 손가락은 짧고 허리나 배는 둥글다. 키가 크지 않음에도 목이 굵고 다부져 체격이 있어 보이는 것이 특징이며, 마치 잘 만들어진 로봇을 연상케 한다.

금형은 전형적인 무인형(武人形)으로서, 옛날이면 무장, 요즘이면 사관학교의 생도나 군인 타입이다. 특히 금형은 견실하고 단단한 피부와 골격, 사각형의 단정함을 제일로 치기 때문에, 탄력성 없이 물렁물렁한 허벅살을 타고났으면 금형으로서 좋지 않다.

이런 체형은 팔을 안으로 모으기보다는 뒷짐을 지는 것이 편하다. 뒷짐을 지면 당연히 강한 어깨가 드러나고 명령을 받기보다는 명령을 하는 자세가 된다. 자신도 모르게 강한 인상을 심어주기 위해 검은색, 감색 등 묵직한 톤을 즐겨 입거나 강렬한 느낌의 원색을 좋아하는 편이다. 나이가 들수록 이마를 드러내는 올백스타일을 좋아한다.

금형의 목소리는 톤이 높은 편이며 짧고 강하게 나타나고 끝소리가 자신의 의지를 감싸듯이 나온다. 말은 비교적 명료하고 빠른 편이며 목소리는 도전적이고 힘이 넘친다. 솔직한 것이 좋다고 여기기 때문에 돌려서 말하거나 완곡한 표현을 거의 하지 않는다. 약간 쇳소리가 섞여 있으면 더욱 좋다.

─── 불굴의 투지와 강한 자존감 ───

금형은 의지가 강해 남에게 지기 싫어하는 성품을 가졌다. 일을 겁내지 않고 척척 해내는 스타일이라 어떤 일을 해도 성공할 가능성이 높다. 집념이 강하고 자기만의 원칙과 틀이 있어 자신만의 세계가 분명한 편이다. 곧고 강직한 성격이며 턱이 발달해 지구력과 인내심이 강하다.

소신이 분명하고 목표에 대한 집념과 의지가 강하다. 좋다고 생각하면 바로 실행에 옮기는 행동력과 용감성이 있다. 구체적인 결과가 바로 나올 수 있는 역동적인 일을 좋아한다. 체면과 연관되면 손해가 있더라도 저돌적인 추진력을 발휘한다.

금형은 눈앞의 일만 생각하는 경향이 강하지만 목적이 확실하면 어떠한 역경도 극복하여 끝까지 해내는 불굴의 투지를 가지고 있다. 성격은 겉으로는 강하고 고집이 세다. 그러나 마음속에 따뜻함이 숨어 있어 뜻밖의 사람을 잘 도와준다. 그러나 도움을 청하면 무조건 도와주지는 않는다. 그리고 일단 도와준 것에 대해서는 감사를 받고 못 받는 것에 별로 신경 쓰지 않는 편이다.

금형은 모든 것을 흑백의 관점으로 구별하고 판단하는 사람이다. 집중력이 있기 때문에 단기간에 일을 성취하려고 한다. 그리고 사생활을 친구들에게도 잘 털어놓지 않는 편이다. 일은 내가 알아서 하고 동료 일에도 간섭하지 않는다. 약속은 반드시 지키고 못할 약속은 아예 하지 않는다.

─ 긍정적인 성격

- 결단력이 있어 바로 실행에 옮긴다.
- 냉정하고 합리적인 생각을 하고 의지가 강하며 목표를 정하면 달성할 때까지 노력을 게을리 하지 않는다.
- 자기주장이 분명하고 직설적이지만 뒤끝이 없는 사람이다.
- 솔직담백하며 위선을 참지 못한다.

- 변명이나 거짓말 하는 것을 몹시 싫어해서 한번 약속한 것은 반드시 지킨다.
- 이성적인 판단보다는 동물적인 직관력이 뛰어나 겉으로 드러나는 말과 행동 안에 감춰진 그 사람의 내면적인 태도나 상대의 숨은 의도를 잘 읽어낸다.
- 겉으로는 단호하고 냉정해 보일 수 있지만 내면에는 약자를 보호하고 정의를 수호하려는 의협심이 강하다.
- 불의를 보면 참지 못하고 뛰어든다.
- 사람들에게 자신도 모르는 훌륭한 자질과 강점들을 발견하게 해주며 최상의 능력을 발휘한다.
- 새로운 일에 도전하도록 힘을 부여해주는 타고난 리더십을 갖고 있다.
- 자신의 영역에 속한 사람은 끝까지 책임지며 성장을 돕는다.
- 활동적이고 정력적이므로 가만히 앉아서 하는 일보다 몸소 활동하는 직업을 좋아한다.

―부정적인 성격
- 남의 말을 잘 받아들이지 않고 자기주장만 앞세우기 때문에 교제에 능숙하지 못하다.
- 오래 기다려주지 않고 한번 화가 나면 일시에 폭발했다가 분노의 에너지를 다 뽑아내고 나면 한순간에 식어버린다.
- 상대방이 받을 상처나 뒤따라올 결과를 미처 생각하지 못하기 때

문에 남에 대한 배려가 적어 본의 아니게 적을 많이 만들게 된다.

- 정이 없고 고집이 세며 애교가 없다.
- 항상 자기 의견만이 옳다고 생각하며 다른 사람의 의견이나 생각을 고려하지 않는다.
- 혼자만의 생각으로 일을 처리하며 다른 사람에게 그 일을 맡기지 않는다.
- 자존심이 강해서 타인에게 먼저 다가가지 않아 무뚝뚝하고 거만해 보인다.
- 자기중심적이며 의견이 충돌하면 사람들과 맞서 힘으로 이기려고 한다.
- 상처를 잘 받진 않으나 받은 상처는 잘 지워지지 않아 스스로 그 괴로움이 오래간다.

── 미국과 한국의 인물 '금형인' ──

금형은 금국(金國)인 미국뿐만 아니라 우리나라에도 많다. 기질을 보면 직설적이고 네 편 내 편을 가르며 화가 나면 불같다. 기승전결의 분명함을 선호하고 의리가 있으며 배신을 용납하지 않는다. 순수한 금형은 분명하고 강직한 금기를 이어받아 불의를 용납하지 아니하며, 명예와 부를 겸비하면서 이름을 드높이게 된다. 금형은 금기를 완전히 타고나면 매우 길한 상이며, 토형과 혼합된 금형 역시 서로 상생하기 때문에 좋은 상으로 본다.

금형이 건강이 나빠지게 되면 자신이 정해놓은 규칙이나 결정이 무너지는 것을 보고 쉽게 비애를 느끼며 비관적인 생각을 하게 된다. 그래서 얼굴이 각지고 큰 사람들 중에는 텔레비전에서 슬픈 드라마를 보면 쉽게 눈물을 보이는 울보가 많다. 거지들을 보고 불쌍해하고 두고 온 고향이나 향우회에 더욱 애정을 쏟는 것이 이러한 금형의 특징이다.

순수한 금형은 분명하고 강직한 기운으로 불의를 용납하지 않고 명예와 부를 겸비하여 귀하게 된다. 금형의 대표적 인물로는 현대 정몽구 회장, 전 대통령 박정희, 아나운서 임성훈, 김흥국, 이병헌, 김건모, 김용림, 박경림, 백지연, 조혜련, 김형자(연예인), 원유철(국회의원), 이태곤(연예인), 조양호(기업인), 조형기(연예인), 이만기, 최경환(국회의원), 홍지민(연예인), 박찬호(야구선수), 추신수(야구선수) 등이 있고, 역사적 인물로는 김좌진, 인촌 김성수, 우암 송시열 등이 있다.

·———— 출루트레인 금형인 '추신수' ————·

에이스 겸 4번 타자로 침체에 빠진 부산고를 '르네상스'로 이끈 주역 추신수. 추신수는 2000년 6월 미국 땅을 처음 밟았다. 당시 그는 돈과 명예를 위해 간 것이 아니었다고 한다. 오로지 자신의 실력이 세계 최고의 무대라는 '메이저리그'에서 어디까지 뻗을 수 있을지 직접 확인해보고 싶어서였다. 눈물 젖은 빵을 먹으며 힘든 시간

을 버텨낸 추신수는 이제 메이저리그에서 독보적인 아시아 선수로 자리매김하고 있다.

2014년 텍사스 레인저스로 유니폼을 바꿔 입은 추신수는 첫해인 2014년 팔꿈치와 발목 수술로 시즌을 일찌감치 접었고, 4차례 부상자 명단에 오르면서 48경기 출전에 그치며 부진했다. 그러나 2018년 부상을 털어내고 149경기에 출전해 부활에 성공했다. 개인한 시즌 최다 홈런 타이인 22개를 기록했고, 시즌 중반 이룬 52경기 연속 출루라는 대기록은 텍사스 구단 역사상 최장 기록이자 현역 선수 중 최장 기록이기도 하다.

기록을 이어가는 과정에서 작은 논란에 휩싸이기도 했지만 추신수는 '출루 기계'다운 활약으로 빅리그에 족적을 남겼다.

"운이나 기회가 찾아왔을 때 그것을 감당할 실력이 되어야만 진정한 내 기회로 거듭나는 것이다. 그러니 그것이 찾아오지 않았다고 불평하기 전에 감당할 만큼 노력하고 있는지 점검해볼 필요가 있다. 그렇지 않으면 남을 탓하게 되고 환경을 탓하게 된다. 남들이 20분 연습하면 나는 30분 하고 친구들이 40분 하면 나는 한 시간 연습했다. 남들이 잘 때도 몰래 일어나 연습하는 욕심쟁이였다. 승부근성과 함께 경기를 즐기는 마음이 야구를 더욱 즐겁게 만들어준다. 내가 가진 것들로 꾸준함을 지지하며 나아가고 싶다."

추신수의 말이다. 추신수는 금형상이다. 순수한 금형은 하얀 피부색과 견실하고 단단한 피부와 골격, 사각형의 단정함, 정기가 충만한 빛나는 눈빛과 분명하고 강직한 금기를 이어받아 불의를 용납하지 않는 전형적인 무인형이다.

추신수는 얼굴선이 전체적으로 곱고 수려해 미남형이다. 귓불이 통통하고 두둑해 성격이 급하지 않고 느긋한 편으로, 귀가 잘생겨 배태 당시에도 모친이 태교를 잘했을 것으로 보이며, 어린 시절에도 활발하고 씩씩하게 운동도 잘하고 건강하게 자랐을 것이다.

이마가 편편하고 굴곡이 있어 이마 부위인 28세 전에는 운동하느라 아주 힘든 시기를 인내하고 살아왔을 것이다. 눈썹이 진하고 일자 눈썹을 따라 뼈와 근육이 발달해 성공해야겠다는 집념과 끈기를 볼 수 있다. 그리고 쌍꺼풀 진 눈이 크다. 감정의 표현이 솔직하고 운동이 아니어도 재주가 많다. 코가 넓은 듯 높지 않고 짧아 순발력이 있고 재치 있는 행동을 한다. 지구력과 체력을 필요로 하는 일에 적합한 모양이다.

또한 잘 다물어진 입술은 야무지고 세심해 보이며 턱 밑까지 난 수염으로 보아 말년까지 직업을 가지고 활동할 수 있으며, 큰 광대

얼굴 소통 심리학

뼈에 넓고 단단한 턱은 운동선수의 성공조건인 타고난 지구력을 드러내니 야구선수로서 큰 성공과 부를 이룰 수 있다.

그런데 같은 스포츠라도 속도감과 감각을 필요로 하는 종목이라면 넓은 사각턱이 적합하지 않을 수도 있다. 하지만 추신수는 외국에서 활동하다 말년에는 고국에서 편안히 안정적으로 생활할 수 있을 것이다. 추신수는 많은 돈을 벌지만 항상 겸손하다. 타고난 인성도 바르다. 어렸을 때부터 성실한 자세로 임했으며 지금까지 변치 않았다. 운동도 자기 성격을 따라 간다. '언제나 변함없는 사람', 그게 추신수이다.

수(水)
지혜롭고 원만한 사교가

· — 풍만한 체형, 둥근 얼굴 — ·

수형(水形)은 신장과 방광이 발달한 체질이다. 『황제내경』에서는 수형인의 특징을 다음과 같이 설명하고 있다. "안색이 검고 얼굴이 평평하지 않다. 머리가 크고 턱은 각이 졌다. 어깨가 작고 배가 크며 손발이 잘 움직인다. 걸을 때 몸을 흔든다. 꽁무니까지 길이가 길어서 등이 길다. 남을 공경할 줄 모르고 잘 속인다."

수형은 물이 아래로 흐르듯 윤하(潤下)하는 기운을 갖고 있는 체질로, 감추고, 저축하고, 숨고, 참고, 찾고, 가만히 혼자 있고 싶어 하는 조용한 성격에 입이 무겁고 말수가 적어 내성적이다. 내성적이다 보니 생각은 많고 깊으며 속을 좀처럼 내보이지 않는 과학자의 기질이 있다. 그러나 때로는 고독하고, 침울하고, 엎드리고, 복종하며, 굴복하는 어두운 면도 있다.

『마의상법』에서는 수형을 묘사하기를 "일어날 때에는 몸이 뜨는 듯하고 넓고 두터우며 형체가 굽은 듯하고 걷는 모습이 자박자박한 것은 참 격이다. 살이 몽실몽실하고 얼굴과 체구가 넓고 두툼하여 형체가 풍만하면 진격(眞格)이다"라고 했다. 또한 "눈썹이 빽빽하지 않고 또 눈이 크며 귀의 성곽(귀바퀴)은 둥글어야 하는데 이러한 상은 수형의 참 격이니 평생 복록이 자연에 이른다"고도 했다.

수형은 얼굴형이 둥글면서 살집이 좋고 타고나기를 뚱뚱한 사람이 많다. 이마도 둥글고 눈도 뚜렷하며 크다. 대체로 양미간이 넓어서 선한 느낌을 준다. 눈동자가 맑은 편이며 사람들을 대할 때면 동그란 눈동자를 약간 위쪽으로 반짝반짝 굴리면서 재빨리 눈치를 살핀다. 눈웃음을 잘 지어서 눈가에는 잔주름이 잡히기도 한다. 귓바퀴가 둥글고 살집이 두텁고 단단하며 귓불이 크고 처져 있다. 콧방

수형의 얼굴 특징과 손

울은 양쪽으로 퍼져 있다.

입은 크고 입술은 위아래의 두께가 같다. 턱은 둥글고 살집이 많다. 얼굴은 전체적으로 모나지 않고 동글동글하며 따뜻하고 정감 있는 표정을 잘 짓는다. 이마가 비록 낮고 좁을지라도 둥근 기운 때문에 보기 싫지 않으며 턱이 짧아도 부족함을 크게 느끼지 않게 하는 것이 특징이다. 골격을 근육이 전체적으로 덮고 있는 모양이라 살집이 더 발달된 모양으로 보이는 것이 일반적이다. 반달형 눈썹과 짙은 색깔의 눈동자를 가진 경우를 많이 볼 수 있다.

─── 예쁜 손, 부드러운 목소리 ───

수형은 전체적으로 살집이 좋고 두꺼운 가슴에 굵은 목, 어디에도 모가 없고, 둥근 맛을 보이며 부드럽다. 키가 크지 않고 체구도 작다. 가슴과 어깨보다 배 부분에 살이 많고 배가 앞으로 나와 있으며 비교적 굵다.

하체는 둥글고 통통한 느낌을 주며 발끝으로 갈수록 가늘어진다. 물의 성질을 닮아 전체적으로 둥글둥글하고 토형인보다 살이 찌는 체질이다. 손에 살이 많이 쪄 있어 거북등처럼 두툼하며 손가락마다 살이 많아 토실토실하다. 언뜻 보면 토형과 수형이 비슷해 보이는데, 두 형의 차이는 손을 보면 알 수 있다. 토형의 손은 뭉뚝하고 두껍고 손가락이 짧은 반면 수형의 손은 뭉툭하지 않고 예쁘다.

수형의 얼굴색은 검은 편이고 피부에 윤기가 나면 좋은 상으로 운이 좋다. 수형의 몸집은 항아리처럼 널찍하게 두툼하면서 구부정한 형상을 취한다. 목형이 가슴을 내밀고 먼 곳을 바라보면서 걷는데 비해, 수형은 엉덩이를 약간씩 흔들면서 걷는 특징이 있다. 흑인들의 모습을 떠올리면 된다. 음의 기운이 하강하면서 형성된 수기의 특성상 아래를 지향하게 되는 것이다.

여성의 경우, 젊었을 때는 호리호리하고 날씬한 몸매를 유지하다가 나이가 들면서 점점 살이 쪄서 아줌마 체형으로 바뀌는 경우가 많다. 딱 붙는 스타일보다는 약간 풍성하고 귀여운 느낌을 주며 활동하기 편안한 스타일의 옷을 즐겨 입는다.

수형은 말이 느리지만 일정한 속도와 부드러운 목소리로 사람들의 마음을 편안하게 해준다. 말꼬리는 명료하지 않지만 목소리에 힘과 부드러움이 있다. 상대의 눈을 바라보면서 맞장구를 잘 친다. 타인의 변화에 관심이 많고 칭찬을 잘하며 자신이 원하는 바를 정확하게 말하지 못하고 돌려서 말한다.

── 풍부한 감정과 충동적인 성격 ──

수형은 애교가 많고 감수성이 풍부하다. 낙천적이며 주위와도 잘 어울리고 친구들과 친화력이 뛰어나고 두뇌 회전이 빠르다. 본능적으로 본인이 어떻게 행동해야 하는지를 빠르게 파악한다. 적극적이고 왕성한 활동성을 가지고 있다. 남을 잘 보살펴주고 동정심이 많기 때문에 자신도 모르는 사이에 사회생활에서 신용을 쌓게 되고 뜻하지 않은 때와 장소, 사람들로부터 도움을 받는 경우가 있다.

수형은 대체로 생각이 밝고 긍정적이며 친구들에게 칭찬과 격려를 잘한다. 표현력이 풍부하고 의존적인 성향이 강해 혼자서 뭔가를 하기보다는 옆에서 신경을 써줘야 하는 형이다. 취향, 감정상태, 인간관계 등 남의 사생활에 대한 정보가 많고 이를 다른 사람과 쉽게 공유한다. 외부 자극에도 유연하게 반응해 스트레스를 크게 받지 않는다. 이상적인 것보다 현재의 일이나 대인 관계를 중시하는 현실감각이 있다.

─긍정적인 성격

- 지혜롭고 다재다능하며 늘 변화를 추구한다.
- 감정이 매우 풍부해서 타인의 기분과 아픔을 함께 느끼며 표정만 봐도 그 내용을 짐작할 수 있을 정도로 공감 능력이 뛰어나다.
- 상대방이 싫어하는 말, 상처받을 말들은 웬만해선 하지 않기 때문에 좋은 인간관계를 유지한다.
- 어떤 경우라도 자신의 생활을 잊지 않고 현실적인 생각을 가지고 있기 때문에 이상적인 것보다 의식주를 중시한다.
- 친구가 많고 모르는 사람이 없을 정도로 인맥이 광범위하다.

—부정적인 성격

- 자기 위주로 생각하며 다소 충동적이다.

- 말하기와 나서기를 좋아하고 허세가 있다.

- 주체성이 없어 상대의 힘에 따라 움직이니 절조가 없다.

- 쉽게 열중하고 너무 빨리 식어버리는 타입으로 약속한 일을 쉽게 변경하고 자주 심경의 변화를 일으켜 얼굴색이 변한다.

- 원칙 중심 사고력이 부족하고 정에 약해 순리를 거스를 우려가 있다.

- 감정기복이 심해 혼자 있으면 우울해한다.

- 인내심이 부족해 끝맺음을 잘하지 못한다.

• ── 수형은 수재형의 오뚝이 ──•

빼어난 수형은 물의 지혜와 윤택함을 타고나서 머리가 매우 영민하여 가히 수재형에 속한다. 목형도 총명하지만, 수형은 깊고 깊은 바다 속에서 우러나오는 지혜가 목형 이상으로 기발하고 뛰어나며 무궁무진하다. 총명한 기운은 인체의 호르몬이 풍부한 데서 오는 것인데, 호르몬은 곧 물이기 때문에 수형이 오행형 중 가장 지혜로운 것이다.

따라서 순수한 수형은 학문에 뛰어나며 귀인의 명성을 얻을 수 있다. 수형은 웬만해선 속을 드러내지 않으며 셈이 빠르고 이해 타산적이다. 화형에 버금가는 머리를 지녔으며 심리전에도 능하다. 형태를 보면 오뚝이에 가깝다고 보면 이해하기 쉽다.

물은 투명하다. 그러나 깊은 물속은 암흑세계이다. 그래서 오행형 중에 수형이 가장 속을 알기 어렵다. 물은 움직이다 멈출 때는 고요하다. 밖에서는 부지런히 움직이나 집에 들어가서는 조용하고 게으르게 보일 정도로 움직이는 것을 싫어한다. 수형이 살을 너무 많이 빼서 엄청난 체중을 감량할 경우 고 김형곤씨(개그맨)처럼 신체의 기와 에너지가 급격히 빠져 갑작스럽게 세상을 떠나는 일이 생기게 된다. 자신의 체형과 체질을 무모하게 바꾸면 삶에 커다란 변화가 온다. 수형은 적당한 살집이 있는 것을 좋게 본다.

대표적 인물로는 박나래(개그우먼), 이금희 아나운서, 안철수(국회의원), 이영자(개그우먼), 이용식, 최태원(기업인), 이대호(야구선수), 김정은(국방위원장), 정형돈, 장영신(애경그룹 회장), 김정숙 여사(영부인) 등이 있고, 역사적 인물로는 박지원, 손권 등이 있다.

•── 수형인 오프라 윈프리가 증명한 '감사의 과학' ──•

흑인계 미국인 오프라 윈프리는 세계에서 유일한 흑인억만장자 여성이다. 20년 넘게 낮 시간대 TV 토크쇼 시청률 1위를 고수해왔던 '오프라 윈프리 쇼'의 진행자로 유명하다.

1954년 1월 29일 미시시피주 시골에서 지독하게 가난한 미혼모에게 태어난 오프라 윈프리는 9세 때 사촌에게 성폭행을 당하고 14세 때는 아들을 낳고 그 또한 미혼모가 되었지만 아들이 2주 만에 죽고 나자 세상을 포기한 후 가출해 마약에 빠지는 등 불우한 어린 시절을 보냈다. 지옥이나 다름없는 그녀의 삶을 구제해준 건 바로 책이었다. 수많은 저자를 통해 그녀 역시 꿈을 꾸기 시작했다.

그리하여 1986년부터 2011년 5월까지 미국 CBS-TV에서 '오프라 윈프리 쇼'를 25년간 5천 회 진행하면서 토크쇼의 여왕이 되었다. 흑인 최초의 〈보그〉지 패션모델이 되기도 한 그녀의 성공기는 '인생의 성공 여부는 온전히 개인에게 달려 있다'는 '오프라이즘(Oprahism)'을 낳기도 했다. 윈프리는 흑인 여성으로서는 처음으로 경제전문지 〈포브스〉의 고수익 유명인 1위에 4년 연속 오르며 미국 내 유명인사 중 최고의 연 수입을 달성하기도 했다. 신화가 된 여자, 여성 흑인 사업가 최초 세계 500대 부자, 세계에서 가장 영향력 있는 여성, 모두 오프라 윈프리를 가리키는 말이다.

오프라 윈프리는 수형상이다. 물의 기질을 가진 사람은 생각도 스케일이 크고 독창적이며 마음이 넓다. 코는 인상학에서 재물운을 특징지으며 콧방울은 돈을 지키는 힘이다. 오프라 윈프리는 콧방울이 넓고 콧구멍이 안 보여서 복이 있는 매우 넓적한 코를 가졌다. 특히 양쪽 콧방울은 '금갑'이라 하여 이곳이 탄탄하면 재물운이 좋다고 하는데, 윈프리가 바로 그런 코를 가지고 있다.

인상학적으로 더할 나위 없이 좋은 부러운 코지만 미적으로 예쁜 코는 아니다. 그녀 또한 왜 남들처럼 예뻐지고 싶은 생각이 없었겠는가! 하지만 그녀가 자신의 코에 콤플렉스를 느껴서 젊은 시절 코에 손을 댔다면 단언컨대 지금의 성공은 결코 누리지 못했을 것이다.

　그리고 광대는 사회활동을 의미하는데 오프라 윈프리는 광대뼈가 위쪽으로 솟아 있다. 이것은 사람들과의 만남을 통해 많이 웃었기 때문이다. 또한 흑인치고는 입술이 얇고 커 말솜씨가 능수능란하다. 감성이 풍부하여 감정표현에 솔직하고 사람들을 대할 때도 숨김없이 대했던 그녀는 수형의 개방적이고 공감적인 태도를 여실히 보여준다. 겉으로는 강해 보여도 속으로는 마음이 여려서 쉽게 상처받고 눈물도 많이 흘리는 것이다.

　수형은 남에게 베푸는 것을 좋아하며 정서적이고 공감을 잘하고 사람들과 같은 취미를 공유하기를 좋아한다. 미국에서 가장 유명한 방송인 오프라 윈프리는 "많은 역경 속에서도 오늘의 나를 있게 한 건 독서"라면서 독서운동을 벌이고 있다. 그리고 세상에서 가장 바쁜 사람 중 한 사람인 그녀지만 밥 먹는 일 외에 그녀가 하루도 빼먹지 않고 하는 일이 있다. 하루 동안 일어난 일들 중 감사한 일 다섯 가지를 찾아 기록하는 것이다.

　감사의 내용은 거창하거나 화려하지 않고 지극히 일상적이다.

──── 얼굴 소통 심리학

이 감사의 일기를 통해 인생에서 소중한 것이 무엇인지와 삶의 초점을 어디에 맞춰야 하는지를 배웠다고 한다. 감사의 습관이 오늘의 오프라 윈프리를 만든 에너지가 된 셈이다. 오프라 윈프리 역시 고난 속에서도 삶의 의지를 꺾지 않았으며 결국 자신의 강점을 발견하여 자신의 삶은 물론 수많은 사람들의 삶에 긍정적인 영향력을 끼친 수형의 인물이다.

	목형	화형	토형	금형	수형
색	청색	붉은색	황색	흰색	검정색
체형	어깨와 등이 곧고 바르다. 팔다리가 길쭉하고 마른 편이다.	전체적으로 마른 사람이 많고 몸의 비율을 보면 상체가 잘 발달되어 있다.	대체로 체격이 크고 몸에 살집이 있어 둥글둥글한 느낌을 준다.	키가 작고 아담하지만 뼈대가 단단하고 어깨가 넓다.	살이 많고 둥글둥글하고 넓으며 두툼하고 풍만하다.
얼굴특징	얼굴이 갸름하고 길며 말라 보인다. 머리와 이마가 높이 솟아 있다.	얼굴 위아래가 좁고 전체적으로 가벼운 인상이다.	머리와 얼굴은 각이 있지만 크고 살집이 두터우며 둥글다.	얼굴에 각이 있고 이목구비가 분명하고 서구적인 외모이다.	얼굴형이 둥글면서 살집이 좋고 타고나기를 뚱뚱한 사람이 많다.
목소리	비교적 명료하고 말끝이 확실하며 높낮이가 별로 없고 안정되어 있다.	말이 빠르며 급하고 높낮이가 가장 심하다. 허스키한 것이 특징.	음성은 깊고 굵어서 아랫배의 단전에서 울려나오듯이 웅장하다.	처음이나 끝이 일정하고 깨끗하고 맑다.	말이 느리지만 일정한 속도와 부드러운 목소리로 사람들의 마음을 편안하게 해준다.
행동	활동이 가볍지 않고 느리지만 강하다.	민감하고 사고력이 뛰어나지만 성급하다.	서두르지 않고 심사숙고 한다.	필요한 부분에는 빠르나 이익이 없으면 움직이지 않는다.	많이 움직이는 활동가
성격	온순하고 섬세한 성격. 남에게 싫은 소리를 못하고 가슴앓이를 많이 한다.	예의 바르고 활동적이다.	심지가 깊고 신의가 있다. 관찰력은 뛰어나나 결단력이 부족하다.	냉정하고 날카롭다. 차가우며 정확하다.	감수성이 예민하고 본능적이다. 실천력이 부족하고 남에게 의지하는 경향이 있다.

행운색	청색, 베이지색	붉은색, 청색	황색, 붉은색	흰색, 검은색	검정색, 흰색
직업	학문, 연구, 개발, 교육, 출판	정치, 외교, 문학, 예술, 인기연예인	사업가, 중개업, 부동산	운동선수, 군인, 경찰 등 관직	무역업, 요식업, 문학 계통

나는 어떤 스타일일까?
각 항목을 잘 읽어보고 자신에게 해당되는 부분을 체크해보자.

		木	火	土	金	水
1	얼굴형이 갸름하고 길며 말라 보인다					
2	얼굴은 각이 있지만 크고 살집이 있고 둥글다					
3	어깨와 등이 곧고 바르며 전체적으로 길쭉길쭉하다					
4	얼굴형은 사각형으로 광대뼈가 발달했다					
5	얼굴형이 삼각형이거나 럭비공 모양이다					
6	얼굴형이 둥글면서 살집이 좋고 나이에 비해 어려 보인다					
7	전체적으로 말랐으며 몸의 비율이 균형이 잡혀 있다					
8	머리가 평균보다 크고 이마가 둥글면서 살집이 많다					
9	눈썹은 가늘고 부드러우며 초승달 모양이다					
10	몸통 둘레에 살집이 많고 허리가 굵고 배가 나와 있다					
11	눈썹이 가늘고 연하다					
12	눈이 작으면서 좌우로 길다					
13	키가 크지 않고 어깨가 넓으며 근육이 발달했다					

14	눈썹이 굵고 짙다					
15	머리가 평균보다 작고 이마가 상하로 좁다					
16	눈이 크고 눈꼬리가 위로 올라간 일자형이다					
17	콧대가 쭉 뻗어 잘생겼으며 높고 좁다					
18	눈이 크고 둥글며 미간이 넓다					
19	눈이 크고 눈매가 부드러워 보이고 눈두덩이 두텁다					
20	눈이 작고 가늘며 눈꼬리가 살짝 올라가 있다					
21	콧대가 높고 코끝이 뾰족하다					
22	모발이 검고 굵고 숱이 많다					
23	체격이 크고 몸에 살집이 있어 둥글둥글한 느낌을 준다					
24	목소리가 크고 빠른 편이며 도전적이고 힘이 넘친다					
25	입술이 얇고 작은 편이며 구각이 단단히 조여져 있다					
26	눈썹은 굵고 진하며 일자형이다					
27	어깨가 처져 있으며 목이 짧고 굵다					
28	모발이 검고 굵으며 직모 형태이다					
29	귀는 윗부분이 발달하고 아래가 좁은 칼귀 형태이다					
30	손발이 통통하고 손바닥이 두툼하다					
31	입이 크고 두툼하다					
32	얼굴과 피부가 투명하고 얇으며 붉은 기색을 띠고 있다					
33	코는 뼈대가 굵고 단단하며 콧방울이 퍼져 있다					
34	귀가 뾰족하고 귀의 연골이 튀어나와 뒤집어져 있고 귓불이 없다					

35	손은 손끝이 뭉툭하고 마디가 굵다					
36	코가 둥글고 콧방울이 퍼져 있다					
37	목소리는 부드러우며 느린 편이고 말꼬리가 명료하지 않다					
38	턱에 살이 있어 전체적으로 원만하고 편안해 보인다					
39	입술이 발달하고 입술이 두텁다					
40	머리카락은 매우 가늘고 부드럽기 때문에 숱이 적어 보인다					
41	목소리는 빠르고 급하며 높낮이가 심하다					
42	입은 크고 한일자로 얇은 편이다					
43	목소리는 군더더기 없이 차분하게 자신의 의견을 조리 있게 말한다					
44	귀는 아랫부분이 늘어져 있는 형태로 귓불이 두툼하다					
45	중후하면서 점잖게 보이며 소박한 느낌이 든다					
46	부드럽고 안정감은 있으나 말투가 느리고 높낮이의 변화가 크게 없다					
47	표정과 감정이 풍부하고 화려하고 열정적인 느낌이다					
48	둥글둥글한 이미지로 감성적이고 따뜻한 느낌이며 스킨십을 좋아한다					
49	차가운 이미지로 표정의 변화가 거의 없고 침착한 느낌이다					
50	첫인상은 생기와 박력이 있어 힘 있는 느낌을 준다					
	합계					

얼굴로 소통하는 법

얼굴 스타일은 실로 많은 것을 담고 있다.
그 안에 담긴 성격과 기질, 언어 습관을 한눈에 파악함으로써
상대의 '의도'를 명확히 알아차릴 수 있다.

논리적이지만 때때로 피곤한
목형 대처법

─ 때때로 '간이 붓고 쓸개가 빠지는' 목형 ─

오행에서 목(木)은 봄의 기운이다. 새싹이 굳은 땅을 뚫고 쭉쭉 뻗어나오듯 목형인은 앞으로만 나가려는 일방적인 기질이 강하여 새로운 것에 대한 도전과 모험심이 남다르며 매사에 적극적이고 활동적인 사람으로 평가받는다.

사람들이 큰 나무 아래에서 휴식하듯이 목의 특성을 가진 사람들은 보다 큰 대지에 뿌리 내려 더불어 성장하고자 한다. 우리는 어떤 일을 겁 없이 추진하는 사람을 보고 '간이 부었다'라는 말을 잘하는데 이것은 목형인의 추진력을 나타내는 말이고, 일을 하다가 이것저것 바꾸는 사람을 가리켜 '쓸개 빠진 사람'이라고 하는데 이것 또한 목형인의 추진력이 일관성 없음을 가리키는 말이다.

성장하려고 하는 정신, 성실함, 직설적인 표현도 자신감의 바탕이다. 목형인은 생동감과 자신감이 넘치며 가슴 뛰는 꿈과 비전을 가지고 현실보다는 이상을 추구한다. 매사에 호기심이 많으며 개척정신이 강하고 모험심도 풍부하다. 현실적 장애물이나 걸림돌을 만나도 긍정적으로 해석하며 적극적으로 난관을 돌파해나가는 남다른 기질을 발휘한다. 자기중심적인 의견이 강해서 나와 다른 의견을 가진 사람에게는 때로는 반항적이고 공격적인 성향으로 돌변할 수 있다.

목형인은 누구와도 금방 친해지기 어렵다. 사람들과 교류할 때 섣불리 하지 않는다. 하나하나 신뢰를 쌓아가면서 천천히 신중하게 관계를 형성해간다. 상대의 태도나 말하는 것이 일일이 마음에 걸려 그것을 마음속으로 분석하며, 따라서 자기가 말 한마디를 할 때도 깊이 생각하게 된다. 이와 같은 목형인은 모든 사람에게 친절하고 협력적일 것 같지만 사실은 자기 테두리 안에서 익숙한 사람을 편애한다. 자기 기준에 맞지 않는 사람은 마음속에서 삭제시켜버리기 때문에 진정으로 교류하는 사람은 적은 편이다.

다른 사람의 말에는 경청하고 공감을 잘하지만 정작 자신의 약점이나 단점 등은 잘 말하지 않으며 타인에게 숨기는 성향이 있다. 자신의 감정을 누르는 이유는 모든 대인관계를 원만하게 유지하고 싶은 바람에서 비롯된다. 그리고 어제와 비슷한 방법으로 내용을 공유하고 공감하는 사람들을 현실에 안주하는 사람으로 간주해버리는 성향이 있다.

·── 신중하게 예의를 갖추어야 목형을 움직인다 ──·

목형인은 사람과 교류할 때 섣부르게 하지 않는다. 도전정신으로 무장한 사람들끼리 모여 어제와 다른 방법으로 다른 가능성의 한계를 돌파하는 방법을 함께 모색해보고 실제로 도전한다. 그 과정에서 보고 느끼고 생각하며 체험한 노하우를 나누고 공감하며 하나하나 신뢰를 쌓아가면서 천천히 신중하게 관계를 형성해간다.

목형인은 관계지향형 인간으로 공감적 지지를 받을 때 마음이 움직이며 현실적으로 예측가능한 일들을 선호하기 때문에 목형인을 상대할 때는 너무 앞서거나 너무 빠른 속도의 상호교류는 지양하는 것이 좋다.

목형인은 모든 것을 완벽하게 처리하고 예의를 중시하며 사소한 것도 잘 기억한다. 기분이 나빠도 바로 앞에서는 예의를 지키며, 표현을 하지는 않지만 기분 나쁜 감정이나 서운한 것을 오래 기억한다. 따라서 목형인을 대할 때는 항상 말과 행동에 주의하며 옷차림이나 약속시간 등도 정확하게 지키는 것이 좋다. 자료나 서류 등도 다른 유형보다 정확하게 분석하기 때문에 세밀하고 정확하게 준비해야 한다.

목형은 창조적이고 추진력 있으며 도전을 좋아하는 유형으로 많은 이들에게 의욕과 영감을 일으키는 뮤즈의 역할을 한다. 대인관계를 오래 유지하고 싶다면 품격을 지키는 매너에 신경 쓰고 칭찬으로 자신감을 높여주어야 한다.

정열적이지만 즉흥적인 분위기파
화형 대처법

오행에서 화(火)는 여름의 기운이다. 꽃이 발산하고 솟아오르듯 불은 위로 타오르는 성질이 있어 화형은 화끈하고 예의가 바르며 때로는 불같은 성향이 있으니, 이것은 위를 목표로 하므로 안정되지 않은 부분을 나타낸다. 화형은 열정과 자신감이 강하여 명랑하고 화끈한 성향을 보인다. 그래서인지 자신이 말하고자 하는 의도를 돌려서 말하지 못하고 직설화법으로 말하지만 뒤끝은 없는 편이다. 또한 옳으면 옳고 틀리면 틀린 것으로 언제나 명확한 구분을 해야 직성이 풀리는 성격이다.

세상에는 두 가지 부류의 사람이 있다. 하나는 나타나면 순식간에 분위기가 환해지는 사람, 또 하나는 사라지고 나면 비로소 분위기가 환해지는 사람. 비록 우스갯소리이지만 우리 모두가 원하는 사람은 전자임이 분명하다.

주위 사람들의 분위기나 기분을 맞춰주는 재주가 뛰어나 화기애애한 분위기를 이끌어주는 것이 바로 화형의 가장 큰 특징이다. 화형은 순발력과 판단력이 빠르며 자신의 감정을 숨기지 않고 바로 표현을 한다. 순수한 사람이라고 생각하고 접근하는 것이 좋다. 감정을 상하게 하는 말을 해도 바로 잊으며 또한 마음속 깊이 생각하지 않기 때문에 일단 그의 마음에 드는 것이 중요하다.

화형은 어떤 주제를 가지고 논의해도 물불 가리지 않고 대화과정에 열정적으로 몰입하는 스타일이다. 그래서 시간 가는 줄 모르고 대화를 하다가 주제와 관련해서 기대했던 성과를 얻지 못하기도 한다. 하지만 화끈하게 저지른 이후에는 그 일에 대한 후회나 번복을 하지 않는다. 맺고 끊음이 확실하며 뒤끝이 없는 유형이다.

화형은 워낙 자기주장이 강하기 때문에 무엇보다도 상대를 배려하고 존중하는 마음을 가지고 귀를 기울여 경청하지 않으면 오해를 살 수 있다. 화형이 가장 싫어하는 사람은 뭔가에 빠지지 않고 적당히 발 담그고 대충 일을 처리하는 사람들이다. 화형은 안 되는 이유나 자기합리화를 위한 대안을 찾는 것을 시간낭비라고 생각한다.

◆── 칭찬은 화형을 춤추게 한다 ──◆

화형은 자기 의견과 맞지 않으면 순간적으로 부정적인 반응을 보이다가도 뒤끝 없이 넘어가고 다른 주제를 격렬하게 토론하기도 한다. 다른 사람들의 이야기를 듣는 데 집중하고 열중하기보다 자기 이야기를 말하는 데 집중하고 열중하기 때문에 같이 있는 사람을 불편하게 만들 수 있다.

화형은 나이가 들면 다른 사람과 말할 때 존칭의 어미를 빼먹는 경우가 비일비재하며 나이고하에 관계없이 상대편에게 반말을 쓰는 경우도 많다. 중요한 것은 자신이 이렇게 남의 말꼬리를 자르며 반말을 하고 있다는 사실을 모른다는 것이다.

화형은 소통을 하다 자신도 모르게 대화에 흠뻑 빠져버린다. 워낙 에너지가 넘쳐나기 때문에 그 열정의 에너지로 주변을 순식간에 감염시키는 남다른 재주를 지니고 있다. 화형에게는 충고하거나 꾸짖는 방법으로 개선을 기대하기보다는, 경청하고 칭찬하는 방법으로 상대하면 좋은 대인관계를 맺을 수 있다.

칭찬은 고래도 춤추게 한다는 말처럼 화형은 칭찬하면 칭찬받을 일을 하나, 비판하면 역시 즉각 반격하는 불같은 성향이 있다. 말을 할 때도 직설적으로 이른바 돌직구를 날리며 열정적으로 대화하는 직접적 소통 스타일로 사람들에게 마음의 상처를 줄 수 있다. 반면 자신이 잘못했다고 생각하면 바로 사과를 하고 후회하기도 한다.

화형은 뜨거운 가슴의 소유자로 열정과 애정이 넘치고 주위에 긍정 에너지를 발산하는 에너자이저이다. 화형과는 은유적 표현의 소통을 함으로써 인간관계를 더욱 좋게 만들어나갈 수 있다.

얼굴 소통 심리학

삶의 조언자이나 잔소리가 심한
토형 대처법

•── 홀로 빛나지 않고 함께 빛나는 토형 ──•

오행에서 토(土)는 환절기의 기운으로 어디에도 치우치지 않고 중재하며 중화시키는 역할을 한다. 토의 기질을 가진 사람은 산이나 대지처럼 침착하고 느긋하며 치유의 능력을 가지고 있다. 그래서 안전과 평화를 중시하고 충동적으로 무엇인가를 시작하기보다는 착실하게 토대를 쌓고 신중하게 일을 진행하는 것이 적성에 맞는다.

토형은 보수적이고 안정을 중시하는 스타일로서 변화를 싫어하고 현실 안주하는 심리 성향을 보이며 상대방의 말을 끝까지 잘 들어주고 타인을 이해하고 배려하는 마음이 강하다. 그래서인지 상대방의 이야기를 먼저 듣고 상대방의 의도를 읽어내어 중간자 입장에서 원만한 대화를 이끌어내는 역할을 한다.

토형은 홀로 빛나는 별을 꿈꾸지 않는다. 다른 별들과 함께 빛나는 은하수처럼 넓은 마음을 보여준다. 그래서 자신보다 다른 이를 돋보이게 하는 것에서 보람을 느낀다. 따라서 주위 평판도 좋다. 누가 봐도 부러워할 만한 인간관계를 구축하고 있다.

토형은 모든 것을 받아들이려는 마음을 가지고 있고, 희생과 봉사의 마음이 타인에게 신뢰감을 주어 신용을 얻는 결과로 연결된다. 토형의 가장 소중한 덕목이 냉정을 잃지 않고 객관적이고 중간자적 입장을 취하는 것이다. 그래서 자기주장을 펼치기보다 남의 이야기를 듣고 상대방의 입장에 서고자 한다.

토형은 누군가 부탁을 하면 잘 거절하지 못하고 가급적 상대방의 입장에 따라 다음 대화의 방식과 내용을 결정한다. 원칙 중심의 치밀한 측면 때문에 융통성이 부족한 것처럼 보이지만 참고 견디는 지구력과 책임감, 성실성은 타의 추종을 불허한다.

이때 토형의 마음에서 우러나오는 진심이 상대에게 보여야 상대도 마음을 열고 자기주장만 일방적으로 하지 않고 중재자의 조언을 귀담아 들으려 할 것이다. 그 사람의 행동 하나하나를 조목조목 세심하게 관찰해보면 진실한 마음으로 상대를 대하는지 알 수 있다.

토형은 적극적으로 나서거나 무조건 침묵을 유지하지 않고 중간자 입장에서 양자의 조화와 균형을 맞추려는 성향이 강하다. 언제나 어떤 상황에서든지 다른 사람의 입장을 다 들여다보고 중재자로서의 역할을 수행하다 보니 자기 의견이 없어 보인다는 오해를 살

때도 있다.

　토형은 자기중심적으로 생각해 모든 일을 합리화하는 경향이 짙어 현실 적응력이 약해지는 경우도 생긴다. 믿으면 확실하게 믿고 그렇지 않으면 미련도 두지 않는 편으로 극단적인 성향을 보이기도 한다. 게으름 때문에 신뢰를 잃기 쉬우니 항상 분명한 목적을 가지고 있어야 한다.

·── 잘 드러나지 않는 토형의 마음을 간파해야 ──·

　강하면서 부드럽고 사교적인 이들은 다른 사람들과 함께 일하는 것을 좋아한다. 토형은 말이나 행동이 조금 늦지만 생각도 직선적으로 표현하지 않고 두루뭉술하니 부드럽게 표현하는 편이다. 생각을 많이 하고 말과 행동이 자신에게 이득이 되는지 안 되는지를 생각하며 행동하는 경우가 많다. 상대의 입장에서는 잘 표시가 나지 않을 수 있다. 또한 기분이 나빠도 웃으며 넘기는 경우가 많으나 기분 나쁜 감정이 없어진 것은 아니다.

　토형은 고집이 세고 주관이 뚜렷한 경우가 많아 한번 부정적으로 생각하면 바꾸기가 쉽지 않다. 하지만 융통성이 있기 때문에 너무 급하게 굴지 않고 꾸준히 접근하고 노력하면 자신의 생각을 전달할 수 있다. 토형을 상대하는 처세술은 일단 부드러워야 한다. 강압적이거나 불안을 조장하면 속내를 드러내지 않으므로 상대방의 입장에서 차근차근 설명하거나 이해를 구하면 친숙도가 높아지고 좋은 인연을 맺을 수 있다.

　토(土)는 가운데(중앙)를 상징하고 전체를 수렴하는 기질이 강하다. 시대정신을 감지해내는 능력 또한 있다. 토형은 여유 있고 신뢰성 있으며 포용력 있는 특유의 편안함으로 사람을 끌어들이는 매력 덩어리다. 따라서 환절기의 기운으로 타인을 이해하고 배려하는 중재자 역할을 하는 토형에게 필요한 소통법은 '신중하게 생각하되 과감한 행동'이 뒷받침되는 것이다. 그렇다면 지금보다 나은 대인관계를 유지해나갈 수 있을 것으로 보인다.

카리스마 속에 불통을 품은
금형 대처법

─── 원하는 것은 무엇이든 이루고야 마는 금형 ───

오행에서 금(金)은 가을의 기운이다. 열매가 무르익듯 빈틈없고 완벽주의적인 금형은 단단하게 응축된 기운이 작용하기 때문에 키가 작지만 함부로 대하기 어려운 사람이다. 동서양을 막론하고 세상의 역사를 뒤흔들고 창조한 사람들은 키가 작다.

평소 '궁즉통(窮卽通)' 즉 궁하면 반드시 통하게 되어 있다는 것을 생활신조로 삼고 있는 이들에겐 불가능이란 없어 보인다. 현대적이고 고급스러운 이미지의 금형은 내면에 모든 것을 계산하고 결단하고 개혁하는 현실적인 두뇌를 가지고 있다. 일단 목표를 세우면 강한 집중력을 발휘하여 단기간에 결과를 내려고 한다. 금형은 쿨한 성격에 두뇌회전이 빠르고 손익감정을 확실하게 계산해 자신 있게 승부에 도전하며 자부심이 강한 완벽주의자이다.

금형은 어느 누구보다 뛰어나야 한다고 스스로 생각한다. 따뜻한 가슴보다 차가운 머리로 판단하려는 속성이 강하며 감성보다 논리의 잣대로 시비를 가리려 한다. 차갑고 냉정하고 이성적이어서 무사의 칼날처럼 결단력이 있으며 두려움이 없다. 매사를 이성적으로 신중하게 판단하고 한마디 말하기 전에 수백 번 고민하면서 신중하게 의사결정을 하는 스타일이다.

순수한 금형은 분명하고 강직한 금기를 이어받아 불의를 용납하지 아니하므로 이름을 드높이게 된다. 금형은 원칙과 기준을 중시하여 기존의 틀이 변경되는 것을 싫어하는 성향이 강하다. 따라서 규정을 준수하고 원칙을 지키고 자존심을 살려주면서 스스로 판단하게 한다면 좋은 대인관계를 유지할 수 있다.

금형인과 소통할 때는 현란한 장식의 에피타이저나 디저트보다는 메인 요리로 승부해야 한다. 물론 속도감도 중요하다. 제아무리 맛있는 메인 요리가 나온다 해도 시간이 오래 걸리면 자리를 박차고 나올 것이다.

금형은 누구보다도 자존심이 강하고 배타적이지만 솔선수범하고 의리가 강하다. 조용한 카리스마를 발휘하며 매사를 신중하고 냉정하게 판단하고 행동한다. 압축적으로 정리해서 예리하게 구조화시키는 능력이 탁월하며 때로는 정의감이 불타고 비판정신이 강하다. 무엇보다도 승부욕이 강하고 완벽을 기하며 자기 절제와 참을성으로 감정을 쉽게 드러내지 않으며 신중하고 합리적인 판단을 하려는 성향이 강하다. 또한 시종일관 책임을 완수해 끝을 보려는 뒷심이 강하다.

금형은 다른 사람과 자유롭게 만나면서 개방적인 소통을 추구하기보다는 정확한 데이터를 가지고 객관적이고 합리적인 이야기를 하는 성향이 강해 소수의 몇 사람과 폐쇄적으로 소통하는 것을 편하게 생각한다.

·── 금형 앞에서는 절대 우유부단하지 말 것 ──·

금형은 자신이 틀리는 걸 싫어하며 틀렸다 해도 인정하려 들지 않는다. 그리고 자신의 결정을 바꾸려 하지 않으며 결정하는 데 다른 사람을 개입시키지도 않는다. 또한 결과지향적인 사람으로 본론만 얘기한다. 그래서 우유부단한 사람과 잘 지내지 못한다.

그렇다 보니 금형들은 어떤 단체에서건 남의 밑에서 일하는 것을 매우 싫어하며 결국에는 자신이 단체를 하나 만들어버리기도 한다. 이런 금형들은 의리를 지키는 것을 인간이 갖추어야 할 최대 덕목 중의 하나라고 강조하는데, 의리를 지킨다기보다는 한번 정한 것을 바꾸기 싫어한다는 표현이 오히려 정확할 것이다.

금형은 사람의 영향력을 살피면서 보상이 따르지 않으면 관계를 잘 맺지 않는다. 나에게 이익이 있는 사람들 위주로 관계를 맺다 보니 인간관계가 피상적일 때가 많아 정작 사람이 그리울 때 마음을 나눌 수 있는 대화 상대가 적어 많이 외로워한다. 솔직하고 시원시

원하게 대하지만 자신이 최고라고 믿기 때문에 남의 말을 잘 경청하지 않아 자신의 결점이나 단점 등 문제점을 잘 인지하지 못한다.

금형에게는 다른 사람들과 진솔하게 마음을 열고 대화를 나누며 상대의 말에 귀 기울이는 자세가 필요하다. 그렇지 않으면 독단적이고 독선적으로 비쳐지기 쉽다. 금형은 카리스마가 있고 사람을 잘 리드하기 때문에 앞날을 도모하는 면에서 훌륭한 동기부여가가 된다.

금형은 현실감각이 뛰어나고 결단력 있으며 체계적이고 논리적인 사고로 일의 결정권을 갖는 멋진 리더이다. 가을의 기운으로 논리적으로 생각하고 합리적으로 판단하는 금형에게 필요한 소통법은 상대방이 재미없어 하지 않도록 '재미와 유머로 대화'하는 것이다. 그렇다면 조금은 부드러운 사람으로 보일 것이다.

처세가 뛰어나 비밀스러운
수형 대처법

·── 대화만으로도 치유 능력을 갖는 수형 ──·

수(水)는 겨울의 기운이다. 만물의 양분이 되어 생명수 역할을 하는 수형은 동글동글한 얼굴로 처음 보는 사람에게도 스스럼없이 먼저 다가갈 만큼 사교성이 좋다. 그래서 다른 유형에 비해 누구나 편안함을 느끼며 모든 사람들에게 친절하고 마음을 잘 나누기 때문에 분위기 메이커로서 인기가 좋은 편이다.

수형은 물의 윤택한 성질과 둥근 모양을 따라 얼굴과 몸집에 살이 많아서 몸이 항아리처럼 둥글며, 풍요롭고 여유가 있어 보인다. 수형은 선천적으로 유순하고 유연하며 감성이 풍부하고 타인을 존중하고 배려하는 마음이 남다르다. 모성본능이 많아서 인정과 애정이 넘치고 따뜻하고 포근하다.

수형은 모든 사람을 소중하게 생각하고 다정다감하며 상대를 먼저 배려하는 철학을 몸으로 실천하는 유형이다. 주장하기보다는 귀담아 들어주는 경청에 능하고 주도하기보다 아래에서 받아주며 세상의 아픔을 포용해주는 능력이 있다.

수(水)의 차가운 성질 때문에 냉철함이 있지만 여러 가지 모습으로 변화함으로써 유연성과 융통성이 강한 성향으로, 원칙이나 기준에 얽매이기를 싫어하고 강한 달성 의욕을 갖기보다는 서두르지 않고 우회하거나 합리적이며 현실성을 중시하는 성향이 강하다. 다만 깊은 물속처럼 속마음을 잘 알 수 없고, 항상 생각이 많으며 머물러 있지 못하는 특성이 있다.

수형은 다양한 사람들의 구구절절한 사연뿐만 아니라 갈등과 이견도 감싸 안고 포용하는 능력이 탁월하다. 상대의 말을 들으며 자신의 의견을 개입시키지 않고 상대의 이야기를 자신의 일보다 더 진지하게 받아들이고 진심어린 위로를 전함으로써 상대방에게 대화하는 것만으로도 치유되는 느낌을 줄 수 있다.

반면 자신의 의견이나 감정을 잘 표현하지 않기 때문에 남들이 자신에게 한 일이나 다른 사람들에 대한 나쁜 감정을 모두 잘 기억하고 있다가 1년이 지난 일까지도 한꺼번에 몰아세워서 이야기하기도 한다.

·— 수형에게는 적당한 피드백과 리액션이 필수 —·

수형은 다른 사람의 의견에 대해서 거슬리는 언행을 피하면서 존중해주기 때문에 상대를 자기편으로 만드는 천부적인 성격을 지니고 있다. 그러나 자신과 관계없는 일에도 참견하는 경향이 있어 다소 실없다는 소리를 듣기도 한다. 주의할 점은 상대를 기쁘게 해주기 위해서 무리하게 자기 비밀이나 타인의 비밀을 털어놓기도 하고 가정이나 회사의 비밀을 털어놓을 염려가 있으니 항상 감정에 치우치지 않도록 경계해야 한다는 것이다.

수형은 사람이 자산이라고 생각하는 사람들이기 때문에 누구와 함께하느냐가 중요한 사람들이다. 반면 내가 베푼 친절만큼 자신도 받고 싶어 하며 그것이 되돌아오지 않을 때는 자신에게 관심이 없다고 여기거나 인정을 받지 못하는 것으로 받아들여 매우 상심한다. 이 유형에게는 관심과 칭찬이 매우 중요하다. 언제나 사람에게 초점이 맞추어져 관심이 사람과 밖으로 향해 있다.

친화력이 강한 덕분에 수형과의 대화는 늘 즐겁다. 사람들과 어울리는 것을 좋아하고 유머러스한 성향 때문에 첫 만남부터 친근한 대화가 가능하다. 그래서 수형인과 대화할 때는 적당한 피드백과 리액션을 준비해두는 것이 좋다.

수형은 사소한 모임이나 쇼핑, 수다 등도 대인관계에 있어 중요한 사회생활이라 여긴다. 다소 감정적일 때가 많아서 자제심이나 절제심이 부족하여 회식이나 모임에서도 1차, 2차, 3차를 외치며 계속적으로 즐길 줄 아는 사람이다. 가장 먼저 술집에 들어가 마지막까지 남는다. 그리고 사람들이 즐거워하면 자신도 즐거워한다.

수형은 융통성 있고 사교적이며 어떤 상황에서도 유연하게 대처하는 처세술이 뛰어난 카멜레온이라 불리기도 한다. 겨울의 기운으로 다정다감하고 속이 깊으며 이해심이 많은 수형에게는 공감 소통도 좋지만 상황에 따라서는 냉철한 판단으로 '자신의 생각을 명확하게 전달'하는 일이 중요하다. 그렇게 한다면 대인관계가 더욱 더 좋아질 것으로 보인다.

특히 수형은 규칙적인 일에 싫증을 느끼고 변덕이 심하므로 수형과 중요한 약속이나 계약 및 금전거래를 할 때에는 철저한 확인과 관리를 해야 대인관계도 오래 지속될 수 있다.

얼굴 소통 심리학

얼굴별로 어울리는 직업이 다르다

─── 인상학으로 나만의 적성을 찾아내자 ───

우리는 사람들 앞에서 자기를 소개할 때 직업을 앞에 두고 소개하는 경향이 있다. 직업을 앞에 두는 이유로는 여러 가지가 있겠지만 무엇보다 직업과 자신을 동일시 여기는 성향이 강하다고 볼 수 있다. 지금 대한민국은 청장년 할 것 없이 일자리 전쟁 중이다. 단군이후 최고의 '스펙'을 자랑하는 대한민국 청년들은 일자리를 구하지 못해 많은 것을 포기하는 N포 세대가 되어가고, 베이비부머 세대의 은퇴도 본격화되면서 중장년층 역시 일자리 구하기에 급급한 상황이다.

우리는 흔히 자신의 적성이 바로 직업으로 이어지기를 바란다. 하지만 불행하게도 현실에서는 적성과 직업이 일치되는 사람보다는 일치되지 않는 사람이 많다. 그래서 많은 사람들이 적성과는 다른 직종에 종사하고 있거나 자신의 소질이나 의사와는 관계없이 여러 사정으로 이전에는 생각조차 해본 적 없는 일을 하는 경우가 종종 발생한다.

또한 평생 든든한 배경이 되어주리라 믿었던 조직의 울타리가 점점 약해지면서 개인이 자신의 끼와 재능을 밑천삼아 새로운 업을 창조해야만 하는 시대가 도래하였다. 이제는 평생직장이 아니라 내가 하고 싶은 것, 내가 잘할 수 있는 것을 직업으로 삼아 여러 가지 일을 동시에 하는 시대이다. 페이스 리딩 컨설턴트처럼 직업을 스스로 만드는 창직(創職)도 유행이다. 창직은 기존의 직업에 구애받지 않고 시대의 흐름에 맞춰 자기의 특성과 재능을 이용해 새로운 직업을 창출해내는 것이다.

사실 우리 주변을 보면 재능은 있지만 때를 읽지 못해 세월을 허비하는 경우가 있으며, 비록 재능은 적지만 시기를 알고 자신의 노력을 기울여 성과를 거두는 삶도 있다. 따라서 인상학으로 적성과 소질 분석을 미리 한다면 오늘날과 같은 전문화시대에 유리한 출발은 물론 진로와 취업 그리고 인생 전반에 걸쳐 큰 도움이 될 것이다.

타고난 얼굴이 다 다르듯 누구나 타고난 성향과 기질에 따라 자신만의 재능과 재주를 가지고 있다. 그동안 내가 실패한 삶을 살았다면 아마도 맞지 않는 일을 택했기 때문일 것이고 자신이 진정 원하는 일을 찾지 못한 것이 원인일 것이다. 자신의 적성과 재능을 모른 채 남들이 하는 일에 성급하게 달려들었기 때문이다. 직업 선택이나 기업의 인재 선발 및 업종 선택 역시 진정한 성공을 거두기 위해서는 저마다의 타고난 끼와 재능을 정확히 알고 선택해서 그것을 자신만의 대표 브랜드로 구축해야 한다. 결국 남을 따라 하는 것이 아니라 내가 좋아하는 일을 하는 사람, 타고난 성향에 맞는 일을 하는 사람은 아무도 이길 수 없다.

생긴 대로 살아도 자신의 잘난 모습을 보이며 살아야 한다. 누구에게나 분명한 강점과 약점이 있다. 자신에게 주어진 능력을 즐기면서 살 것인지, 아니면 탓하며 살 것인지에 따라 그 결과는 확연히 달라질 것이다. 삶은 한 번뿐이므로 시행착오를 겪을수록 그만큼 삶의 성취는 늦어진다. 물론 삶이란 단편영화가 아니라 장편영화에 비유될 수 있는 것으로, 단기간의 목표보다는 인생 전반에 걸친 계획이 더 중요하다.

이제 얼굴에 담긴 직업 DNA를 풀어보자. 얼굴 속 오행 유형별로 어떤 적성을 가지고 있으며 그에 어울리는 직업에는 어떤 것이 있는지 알아보자.

·──── 한 분야에서 전문가 수준을 발휘하는 '목형' ────·

목형은 자신에게 주어진 업무를 꼼꼼하고 차분하게 수행하며 자신의 분야에 대한 지식이 해박하다. 신속하게 처리하는 일을 원하지 않고 정확성을 기하는 성격이어서 일이 밀린다든지 하는 무책임한 약속을 하지 않으며, 항상 순서와 질서를 존중하며 주위를 질서

정연하게 정리하는 습관이 있다.

목형에게는 전문적인 지식이 필요한 일이나 창의적이고 집중력이 필요한 일, 개인 작업공간이 있고 사생활이 보장되는 환경에서 충분한 시간을 가지고 아이디어를 다듬고 준비할 수 있는 일이 적합하다. 목형은 역할이나 책임이 분명해서 한곳에만 집중할 수 있는 일을 선호하고 변화가 빠르고 역동적인 환경보다는 안정된 환경에서 일할 수 있는 것을 좋아한다.

그러나 체력적으로 소모가 많은 활동성이 필요한 일이나 사람을 많이 접하고 상대에게 맞추어야 하는 일은 상대와의 공감능력이 떨어지고 사람들의 시선을 좋아하지 않으며 지도 통솔 능력이 떨어지는 목형에게는 적합하지 않다. 목형은 기본적으로 앞에 나서서 이끄는 일을 좋아하지 않는다.

목형은 사고력, 분석력이 출중하니 탁월한 두뇌를 활용하여 전략적 목표를 설정하고 대안을 수립하는 일에 적합하다. 전략기획, 경영지원부서인 인사, 총무, 관리부서 등 사무직과 창의력을 요하는 예능인, 전문 기술직이나 연구개발(R&D) 분야에 잘 맞는다.

• ── 솔직한 성격이 사람들의 마음을 움직이는 '화형' ── •

화형은 항상 새로운 변화를 모색하기에 끊임없이 아이디어를 생각해낸다. 우뇌가 가장 발달한 사람들로 직관적으로 떠오르는 아이디어를 많이 내놓는다.

화형은 규범이 철저하고 틀에 박힌, 조직적인 직장생활에는 적응하기 힘들어한다. 창조적이며 자신의 감각을 표현하는 일이나 전에 없던 새로운 방법으로 진행되는 일, 비공식적이고 독립적인 역할에 어울린다. 조직생활이 힘들기 때문에 구속되어 일하는 것보다 질서가 있되 자유로움이 보장된 환경에서 일해야 더 능률이 오른다.

화형의 꾸밈없이 솔직한 성격은 많은 사람들의 마음을 움직인다. 그런 탓에 사람을 끌어들이는 능력이 탁월하다. 새로운 사람을 만나고 새로운 기술을 배울 수 있는 일, 업무과정이나 방법에 자율적인 권한을 행사할 수 있는 일, 직접 발로 뛰고 사람을 만나는 홍보, 광고, 이벤트, 기획, 마케팅 등의 일이 좋다. 언어표현 구사력이 좋고 훈련에 따라 연기력도 발달하여 모델, 탤런트 등의 예술성 인기직업, 기자, 교육 분야, 대중문화사업에도 전망이 밝다.

● —— 균형을 맞추는 중재력과 협상력이 뛰어난 '토형' ——— ●

토형이 사람을 끌어들이는 가장 큰 매력은 편안함이다. 어디를 가도 전체적인 조화를 맞추어내는 데 능력이 있다. 늘 전체를 보려고 하므로 느리지만 남들이 보지 못하는 부족한 부분을 찾아내고 알게 모르게 큰 틀에서 일이 되도록 만든다.

스스로의 체력과 의지력으로 자수성가하거나 현장 책임을 맡는 일과 자영업 등 CEO에 적합하다. 토형은 소박하지만 착실하고 건

실하게 살아가는 타입이다. 인정을 잘 베풀고 사교성이 있으며 정성을 다하여 사람을 대하므로 지도력도 있다.

토형은 시작은 힘들지만 일단 시작하면 될 때까지 미련스럽게 물고 늘어진다. 끈기로 불가능을 가능으로 만들어 새로운 가능성을 창조해낸다. 적극적인 사람들 사이에서는 자신이 총대를 메고 뛰어다닌다. 조화로운 팀워크로 이루어지는 일이나 갈등을 중재하고 성장을 돕는 일, 사람들을 만나는 활동적인 일, 단기간이 아니라 꾸준히 하는 일에 적합하다. 그러나 머리를 써서 지식을 통해 시스템을 개발하는 일이나 가만히 앉아서 하는 일, 경쟁해야 해서 다른 사람에게 손해를 주거나 강요해야 하는 일은 어려워한다.

인간의 내면을 다루는 종교, 철학, 교육, 심리 방면이 좋고, 변호사, 부동산 토지중개인, 농업, 원예, 도예 분야에 적합하다. 자본의 유통이 심하지 않은 장기적 투자의 건축, 산림, 농장경영, 건설 토목 분야도 좋다.

·── 사람을 통솔하는 능력을 타고난 '금형' ──·

리더형들은 일에 대한 시각이 다르다. 세부적인 사안 곧 나무를 보는 것보다 전체 숲을 보는 눈을 가지고 있다. '일'을 중심에 놓고 결과를 지향하기 때문에 책임감이 강하고 자신감이 있으며 결단력이 뛰어나 리더의 역할을 잘한다. 타인을 지도하고 통솔하는 결정권이 있는 일이나 조직의 외형을 크게 확장하는 일, 팀과 업무 영역

───── 얼굴 소통 심리학

에 대한 책임감과 권한이 확실한 일이 금형에게 맞다.

금형에게는 프로젝트에 대한 완성도와 추진력이 있어서 현장직이나 신규 사업도 잘 맞는다. 다만 타협성이 없기 때문에 남의 의견을 존중하지 않고 추진하고, 한쪽 일에 지나치게 편중되어 몰입할 수 있다. 경쟁심이 세서 타인에게 지기 싫어하는 스타일로 실행력이 높아 현실주의자 성향이 강한 편이다.

금형은 성과를 위해 다른 사람의 조언에도 경청하는 자세가 필요하다. 실제로 금형은 수익성이나 성장성이 저조한 경우, 성장전략을 시도하는 기업이나 신사업을 정착시키는 현장경영자로서 성공한 사례가 많다. 세부적인 행정이나 서류를 만지는 꼼꼼한 업무보다 대형 프로젝트와 같은 사업에 눈을 돌리는 것이 금형에게는 보다 큰 열정을 쏟아부을 수 있는 기회가 된다.

금형은 그룹 경영이나 작게는 개인 사업에 이르기까지 자신의 사업을 가지고 추진하는 일에 가장 적합하다. 장시간에 걸쳐 추진해야 하는 일이나 한곳에 앉아서 하는 일, 특히 남 밑에서 일하거나 사람들에게 친절하게 대해야 하는 업무에는 적합하지 않다.

·── 타인과 공감하는 능력이 탁월한 '수형' ──·

수형은 사람을 좋아해서 사람과 관련된 업무에 적합하다. 분위기를 잘 이끌고 환경에 적응을 잘해서 혼자서 하는 일보다 여럿이 함께 하는 일이 좋다.

수형의 최대 강점으로는 적응력이 높다는 점을 들 수 있으나, 반대로 단순 사무에는 쉽게 싫증을 내고 변화와 변덕이 많다는 치명적인 약점도 있다. 정에 의존하는 성향이 많고 관계역량이 높은 수형은 고객심리를 간파하여 마케팅이나 영업 전략을 세우는 일, 고객 접촉빈도를 높이는 일을 잘해서 조직의 단기 성과목표 달성에 크게 기여할 수 있다.

회사를 알리는 홍보업무나 기발한 아이디어가 요구되는 마케팅, 이벤트부서, 사람들을 많이 만나는 세일즈, 고객 상담업무, 뿐만 아니라 갈등 상황을 맞은 기업에서 경영자와 노조 간의 해법을 찾는 일은 인간적인 유대가 풍부한 수형을 활용하는 것이 가장 적합하다고 볼 수 있다. 반면 수형은 사람들과의 교류 없이 혼자서 일해야 하는 환경을 무척 답답해한다.

아무튼 수형은 냉철한 판단력이나 맺고 끊는 결단력이 없고 정에 약한 특징이 있으며, 감성적인 성향으로 싫증이 빠르고 변덕이 심해서 굴곡이 많다는 점을 유의할 필요가 있다.

수형은 매끄러운 말솜씨를 가지고 있어서 설득력은 있지만 과장이 심하고 근거자료가 부족하기 때문에 신용을 얻지 못할 수도 있다. 그러므로 실제적으로 마무리까지 깔끔하게 해야 하는 일보다 일의 처음부분을 열어주는 일에 더 많은 에너지를 발휘할 수 있다.

나는 어떤 얼굴의 리더일까?

─── 세세한 것까지 신경 쓰는 '목형' ───

"배를 만들기 전에 목수에 대양(大洋)을 그려줘라."

리더십에 빠지지 않고 등장하는 예시다. 리더의 역할은 배를 만드는 게 아니라 배 만드는 사람에게 적정한 역할과 역할을 극대화할 수 있는 명분을 심어주는 일이다. 그래서 커뮤니케이션 역량이 매우 중요하다. 아무리 대의(大義)가 좋고 실리가 좋아도 커뮤니케이션을 통해 전달되지 않으면 그것은 손 안에 든 모래일 뿐이다.

중국역사서에서 뛰어난 소통 리더십으로 추앙받고 있는 당태종의 경우를 살펴보자. 당태종이 물었다.

"군주가 어찌하면 훌륭한 명군이 되고 어찌하면 어리석은 혼군이 되는 것이오?"

신하 위징은 간략히 답했다.

"겸청즉명(兼聽則明)이요, 편신즉음(偏信則暗)이라. 두루 들으면 명군이 되고, 한쪽 말만 믿으면 혼군이 됩니다."

고루 듣는 것은 상황 파악을 제대로 할 수 있는 절대적 조건이다. 그러나 평소 잘하던 리더도 일이 잘 풀리고 있을 때, 좋은 성과를 내고 있을 때에는 남의 말이 귀에 들어오지 않게 된다. 하지만 잘나갈수록 귀를 더 크게 열어야 한다. 이제 유형별 리더십 스타일의 특징을 알아보자.

먼저 목형이다. 목형은 자기 분야나 자기가 속한 조직에서 충성심이 매우 강하며 전문적인 업무지식을 원하고 정확한 것을 선호하며 모든 것이 계획대로 진행되는지 확인하는 관료적인 스타일이다. 즉, 조직은 충분한 실력과 자원을 준비해두어야 하고, 모든 것이 잘 사용될 수 있도록 준비되어 있어야 한다. 따라서 이 유형의 리더는 자료 정리와 매뉴얼 정리, 성실한 태도와 자세, 정확한 업무처리, 위기관리 등을 강조한다.

그래서 이 유형은 절차를 중요시하고 예의 바르며 세부적인 사항에 대한 정확한 지식 및 준비를 요구하며 실수에 대하여 항상 대비하고 있다고 볼 수 있다. 사실 이들은 지나치게 세밀하고 예민하며 걱정이 많은 리더로 보일 수도 있다. 그래서 목형의 리더는 실수에 대한 관대함과 후배에 대한 신뢰 및 권한위임, 동기유발 등에 보다 적극적으로 반응하고 이에 대한 방법을 습득하고 체득하여야 한다.

그러한즉 칭찬에 인색한 목형인은 부하 직원에게 칭찬하는 습관을 길러라. 의도적으로 억지로라도 몇 번 시도하다 보면 익숙해지고 그로 인해 자신도 행복해질 수 있다. 더욱이 칭찬을 받는 직원은 더욱더 업무에 집중하게 되어 높은 성과를 내는 훌륭한 직원이될 수 있다. 아무튼 목형의 리더는 모두가 포기하는 상황에서도 한결같이 노력하는 자세로 자연스럽게 리더십을 발휘해나간다고 하겠다.

● ─ 끈기가 부족한 '화형', 일을 대충대충 하는 '토형' ─ ●

화형은 실천적 리더십의 소유자, 열정적인 행동파로 무슨 일이든 민첩하게 대응할 수 있는 순발력과 재치를 겸비하고 있다. 특히오늘날과 같은 정보화 시대에 직관력이 뛰어난 화형의 실천적 리더십은 더욱 큰 힘을 발휘한다. 또한 화형은 판단력과 창의력이 매우 뛰어나 일을 많이 벌이기도 한다. 화형인의 기질이라 할 수 있는창의성, 도전정신은 정보지식 사회가 요구하는 충족조건이기 때문이다.

화형은 어려운 일 앞에서 더욱 도전적이고 진취적인 문제해결에능하다. 그러나 수직 수평적인 사람들과 격의 없이 편하게 지내다보니 기강이 무너질 수 있다. 성급한 성격 탓에 너무 빠르고 신속한의사결정으로 후회하는 일이 없도록 신중하고 꼼꼼하게 사고하는 훈련이 필요하다.

그리고 인재경영의 달인 토형인은 뚝심으로 승부하는 리더형이다. 끈기와 인내심을 가지고 일단 시작한 일은 지구력이 강해서 뚝심 있게 밀어붙이는 스타일이다. 마음속으로 여러 가지 생각을 하기 때문에 토형은 시대의 변화를 현실적으로 받아들일 줄 아는 통찰력 있는 리더가 될 수 있다.

토형은 겉으로 감정을 잘 드러내지 않고 상황에 잘 대처하는 경향이 있어 이중인격자로 보이기도 한다. 감정 자체에 변화가 없지만 마음이 넓고 커서 사람들과 부딪힘이 없고 조직을 유지시키는 능력이 있으며 인간관계가 무난하다. 일대일 대화에 능하고 부서원들과 친밀한 대화의 시간을 자주 가짐으로써 동료나 부서원들로부터 신임을 받으며 친밀감을 형성한다.

그러나 토형인은 조직 내에서 지나치게 감정이나 인정에 이끌려 주관적인 의사결정을 하기 쉬우므로 이성적이고 객관적인 판단을 하도록 노력해야 한다. 이들은 비전 제시와 변화를 이끌어가는 능력이 다소 부족하며, 어려운 상황에서 의사결정을 지연하거나 회피함으로써 책임을 지지 않으려는 나약한 지도자로 보일 수 있다.

토형의 리더는 자신의 의견이나 감정에 대해 속마음을 쉽게 보여주지 않는 스스로의 스타일을 인식하고 상대방에게 솔직하게 털어놓는 열린 마음을 가지도록 노력해야 한다.

● ── 뜻대로 안 되면 화내는 '금형', 소통의 리더십 '수형' ──●

금형은 카리스마가 강한 리더로 위계질서를 중요하게 생각한다. 자신을 중심으로 질서 있고 일사불란하게 움직이는 조직을 선호한다. 도전과 목표 달성이 매우 중요하며 후배나 부하들이 언젠가는 자신을 이해하리라는 생각과 믿음으로 팀원과 구성원을 밀어붙이는 경향이 있다.

이와 같은 특성으로 인해 금형은 주변 환경에서 많은 오해를 사고 환경이 어려울 때는 무감각이 아닌 무자비한 리더로 비쳐지기도 한다. 금형은 단도직입적으로 지시하고 거침없는 말투로 명령해서 상대방의 마음을 상하게 하는 단점이 있다.

성과중심적인 금형인들은 지나치게 일 중심이다 보니 사람관계에 대해 소홀하기 쉽다. 자신을 둘러싼 주변 사람 관계를 돌아보고 감성 리더십을 개발하도록 노력해야 한다. 타인의 말을 귀 기울여 듣는 경청 리더십을 개발하라. 자신이 잘못했다고 생각되는 일에 있어서는 솔직하게 시인하고 사과하라. 그것이 오히려 금형의 자존심을 높여주는 결과가 될 것이다.

그리고 수형은 부하 직원들의 팀별 업무에서 다툼이 일어나면 모든 이야기를 다 듣고 그중에서 긍정적인 면을 발견해 칭찬하고 독려하는 스타일이다. 즉 자신의 권한과 판단으로 상황을 종료시키는 것이 아니라, 두 팀 혹은 두 사람이 서로의 주장에서 긍정적인 면을 발견해내고 그것을 자신의 주장과 대입시켜 결론을 내리게 하는 중재자 역할을 기가 막히게 잘하는 것이다.

수형은 핵심역량이나 지침보다는 정이나 파이팅 문화로 조직을 끌고 가는 타입이라 목표의식은 대체로 약하다. 경직되지 않은 자유롭고 편한 분위기 조성에는 도움이 되지만 목표를 향한 의지, 실적, 평가관리에는 불리하다. 수형이 리더인 조직은 처음 한동안은 분위기가 좋은 것 같지만 시간이 흐를수록 긴장감과 기강이 떨어지고 느슨한 조직이 되기 쉽다. 목표의식보다 정에 치우치는 점을 유의하고 결과 중심적인 사고나 태도를 지니도록 노력해야 한다.

오해를 줄이는 얼굴 소통의 기술

─── 오행 스타일에 따라 말투도 다르다 ───

"20년 장사하다 보니 목소리 톤이나 자주 사용하는 단어만 들어도 물건을 살 사람인가, 구경만 할 사람인가 감이 잡히네요."

전통시장이나 소상공인 대상으로 '페이스 리딩' 강의를 나가보면 종종 듣는 말이다. 그래서일까? '반점쟁이'란 말이 있는 것 같다.

사람은 타인에 대한 정보를 얼굴에서 추론한 뒤 이를 토대로 대화를 하고 얼굴과 말에서 자신의 욕구를 강하게 표현한다. 명령조의 말투나 신경질적인 어투, 짧은 화법이나 긴 서술형 이야기, 설명하거나 설득하는 태도 등은 모두가 자신의 독특한 성향이나 기질을 드러내는 것이다. '말로 천 냥 빚을 갚는다'는 속담도 있는데, 그렇다면 우리에겐 말이 통하는 게 왜 그토록 중요한 걸까? 사람은 소통하지 않으면서 사회생활을 할 수 없고, 말은 감정과 밀접한 연관이 있어 말이 통하면 감정이 통하기 때문이다.

방송에서도 '말없이 잘생긴 배우'보다 '말 잘하고 재미있는 개그맨'이 더욱 인기를 끈다. 지식 분야에서도 자신이 지닌 지식을 복잡하고 어렵게 말하는 사람보다 알기 쉽고 명쾌하게 말하는 사람이 훨씬 주목을 받고 본인이 원하는 결과를 얻을 확률 또한 높다.

영화 속에서 조폭이 거칠게 내던진 말 한 마디가 상대방을 얼어붙게 만드는 것처럼 커뮤니케이션을 하게 되는 상황은 참으로 다양하고 그에 따라 적합한 말투가 있다. 하지만 무엇보다 상대방과의 긴장된 분위기를 해소하여 편안하게 커뮤니케이션하려면 교양과 예의가 있으면서 편안하며 위트가 있는 말투를 기본으로 하는 것이 좋다.

얼굴 오행에 따라 타고난 성향과 기질이 다르듯 말하는 방식에서도 자주 쓰는 단어와 말투, 목소리 톤까지 서로 다른 패턴을 보인다. 인간에게는 감정을 공유하려는 본능이 있기 때문에 말 속에 담겨 있는 감정을 이해하는 일은 중요하다. 따라서 타고난 얼굴에 따라 많이 사용되는 언어 습관을 이해하고 그것이 다른 유형에게 어떻게 느껴지는가를 생각한다면, 서로간의 '오해'를 줄이고 상대가 원하는 '의도'를 명확히 파악하는 데 도움이 될 것이다.

─── 학자적인 닫힌 대화 상대 '목형' ───

"결정을 잘 못하겠어요."

"어떻게 하면 좋을까요?"

"시간이 좀 더 필요할 것 같아요."

목형의 언어 사용법은 조금 딱딱하고 차가우며 말수가 적다. 단어와 표현을 신중하게 고르며 개인적인 사항은 거의 말하지 않는다. 감정보다는 생각에 대한 말을 많이 한다. 이들은 생각을 표현하는 동안 감정을 거의 드러내지 않는다.

목형은 대화할 때 역시 예리한 눈초리로 신중하게 접근하려는 경향이 있으며, 개인적인 주장보다는 객관적인 자료나 통계 데이터에 의존하는 경우가 많다. 따라서 목형을 상대할 때는 순차적으로 차근차근 대화를 이끌면서 왜 그런지에 대한 근거를 충분히 들어 설명하고 사례나 레퍼런스를 제시해야 한다. 처음부터 개인적인 이야기를 묻거나 너무 친밀감을 나타내면 심적으로 부담을 느낄 수도 있다.

모든 사람에게 많은 질문을 하는 것은 아니지만 목형은 구체적으로 문제를 해결하기 위한 체계적인 질문을 하는 스타일이다. 자신의 전문분야이거나 책임을 맡고 있는 분야라고 생각할 경우 본질을 탐구하기 위해 질문하고 대답을 듣고 또 꼬리를 물며 질문을 하는데 이는 자신에게만 충실한 자세일 뿐 상대방으로 하여금 불편을 느끼게 할 수 있다.

목형의 상사는 근거를 남기는 것을 좋아하기 때문에 말로 보고하기보다는 나중에도 재차 확인할 수 있는 서식자료를 통해 논리적으로 정리하여 한눈에 볼 수 있도록 보고해야 한다. 인쇄된 보고서를 올리거나 추후 이메일로 자료를 보내 세밀하게 검토할 수 있도록 해야 한다.

목형의 상사는 업무 완성도를 중요하게 생각하기 때문에 공과 사를 구분하여, 일을 할 때는 철저하게 일과 관련된 대화를 시도하고 업무수준에 대한 기대감에 맞춰 기본적으로 일을 완벽하게 해낼 수 있도록 노력해야 한다.

·── 요구하는 감정 대화 상대 '화형' ──·

"왜 그럴까?"

"좋은 게 좋은 거 아냐?"

"된다는 거야, 안 된다는 거야?"

화형은 타인이 자신의 의도를 정확히 이해하길 바라기 때문에 말하기 전 여러 가지 대화 상황을 가정하여 알맞다고 생각하는 표현을 고른다. 또한 '우리 일 문제'나 '우리의' 등 상대방을 대화에 끌어들이는 표현을 자주 쓴다. '나는', '내 생각에는'과 같은 1인칭도 자주 사용한다. 자신에 대한 이야기와 느낌, 개인적인 경험을 자주 말하며 개인적인 질문을 하기 좋아한다.

화형은 늘 표현을 신중하게 선택한다. 이들의 보디랭귀지는 눈에 띄게 서두르고 다급하다. 자신이 하는 말을 마음속으로 분석하고 있는 듯 보이며 상대가 자신에게 집중하기를 바란다. 화형은 자신과 관련된 표현이나 행동으로 대화의 중심을 자기 쪽으로 옮기고자 한다. 그리고 상대가 흥미를 보이지 않더라도 대화를 완벽하게 끝맺으려고 한다. 그래서 감정에 치우치거나 변명을 하고 있다는 인상을 주기도 한다. 또한 스스로는 개인적인 거부감을 갖거나, 얕보거나 무시당한다는 느낌, 오해를 받는다는 생각을 하기도 한다.

화형은 자신도 모르게 말에 감정을 쏟아부을 때가 많기에 상대가 어떤 기분이 들지 헤아리지 못하는 경우가 많으니 내 감정이 중요한 것처럼 상대의 감정도 존중해야 한다. 따라서 화형은 자신의 충동적이고 가벼운 언어를 심사숙고하고 기분대로 말하기보다 객관적인 사실에 근거하여 말하는 습관을 길러야 한다.

결론적으로 화형은 자기주장이 강하기 때문에 경청하는 자세가 필요하다. 이견이 있다면 감정이 가라앉았을 때 논리적으로 접근하는 게 좋다. 소위 긍정적인 말을 먼저 하고 조심스럽게 의견을 제시하는 'Yes, but' 화법을 쓰면 좋다.

── 간접적인 느린 대화 상대 '토형' ──

"이 질문을 상대가 알까?"
"상대가 날 모른다고 무시하지 않을까?"
토형은 상대에게 동의하는 말, 즉 '예'라든가 '그렇군요' 등을 많이 사용한다. 이들은 느긋함, 미소 짓는 얼굴로 감정적 동화를 잘하며 부정적인 감정을 강하게 내세우지 않는다.

토형은 다른 사람의 이야기를 잘 듣고 상대의 말을 자르거나 의견이 다르다고 해서 크게 비판하지 않으며, 설득할 때도 권유형의 어조를 쓰는 것이 특징이다. 하지만 처음 만나 친해지거나 대화의 본론으로 들어가기까지 가장 오랜 시간이 걸리는 유형이다. 따라서 본론에 들어가기 전에 적절한 여담을 통해 상대의 마음을 열게 하는 것이 좋다.

토형은 배려심이 많아 상황설명을 길게 말하기 때문에 끝까지 듣고 난 후에 이야기하는 것이 필요하다. 내가 급하다고 말을 끊고 결론을 먼저 이야기하는 것은 토형의 기분을 상하게 하는 일이다. 대화를 할 때도 차근차근 순서에 맞게 진행하는 것이 좋으며 어떻게 하면 좋을지 해결책이나 방법까지 제시하면 토형의 신뢰를 높일 수 있다.

토형은 인간적인 예의범절을 중시하므로 상대의 말을 중간에 자르거나 나이가 어리다고 반말을 하는 것은 피해야 한다. 자기 속을 잘 드러내지 않으므로 업무적으로 말할 때도 사회적 이슈 등으로 대화를 열고 그 사람의 말보다 눈빛이나 몸짓을 유심히 살펴보면 토형 상사의 의도를 파악할 수 있다.

"도대체 뭐가 문제야?"

"뭐 먹고 싶어?"

"무슨 영화 볼까?"

"이번 과정 결과가 어때?"

"그래서 하고 싶은 말이 뭐야? 본론만 말해."

금형의 언어 사용법은 매우 간결하다. 서론이나 미사여구 없이 직선적이고 솔직하며 주로 남을 통제하거나 지시하는 말투를 자주 쓴다. 에둘러 말하거나 애매하게 말하는 것을 아주 싫어한다. 이들의 합리적이고 생산적인 말투는 감수성이 예민한 사람에게는 냉정하게 들릴 수 있다. 말에 뉘앙스가 담겨 있지 않아서인지 칭찬이나 감정 표현도 그저 무뚝뚝하게 들린다. 그래서 대부분의 사람이 금형의 말투에 압도감을 느끼며, 이런 에너지는 본인이 자각하는 것보다 강도가 세며 억제하려고 해도 잘 되지 않는다.

금형은 꿈과 동기부여가 확실하고 목표를 잘 세우기 때문에 결정장애가 있는 사람들을 답답해하고 빠른 결과를 원한다. 금형 상사에게 보고를 한다면 꾸미거나 돌리지 않고 단도직입적으로 핵심만 간결하게 말해야 한다.

금형은 태생적으로 길고 지루한 것을 견디지 못한다. 그래서 부하직원들의 보고를 받을 때도 먼저 몇 장의 자료를 준비했는지 본다. 수십 장의 파워포인트 자료를 갖고 오는 사람을 보면 한숨부터 내쉰다. "언제 저걸 다 듣지? 15분 안에 저 얘길 다 할 수 있을까?" 생각하는 것이다. 자료가 많은 게 문제가 아니라 생각이 정리되지 않은 것을 문제 삼는 것이다. 뭔가 말은 많지만 핵심이 빠져 있을 가능성이 높다고 생각하는 것이다.

금형은 사람의 속내를 빨리 읽는 직감력을 타고나 상대가 무슨 말을 할지 대충 알기 때문에 상대의 말을 끝까지 들어주지 않고 중간에 자른 다음 간결하고도 핵심적인 말로 해결해주려고 한다. 그래서 금형의 상사에게 장황한 주변 설명만 늘어놓고 결론을 제시하지 않는다면 실제 업무 결과에 관계없이 핀잔만 들을 것이 분명하다. 특히 이들에게 보고할 때는 한눈에 알아보기 쉬운 그래프나 도표를 이용하고, 프레젠테이션을 할 때도 슬라이드에 그림이나 도표를 이용해 핵심 키워드만 간략히 써놓는 것이 좋다.

무뚝뚝한 말투 때문에 진심을 제대로 전달하지 못할 때가 많다면 이메일이나 문자메시지, 선물 등을 통해 마음을 전달하는 것도 금형에게는 좋은 방법이다.

◆── 긍정적인 열린 대화 상대 '수형' ──◆

"정말 어쩜!"
"오! 세상에!"
"맙소사! 그렇구나!"
수형의 언어 사용법은 대화 속에 감탄사가 끊이지 않는다. 대화

유형은 질문과 칭찬을 많이 하는 것이다. 호기심과 사람에 대한 관심이 많아 대화 중에도 지나가는 사람에게 시선을 보내기도 한다. 상대방에게 흥미를 느끼지 못하면 즉각 주의를 다른 곳으로 돌린다.

수형은 감정표현이 솔직하며 옆에 있는 사람을 툭툭 치거나 팔짱을 끼는 등 신체접촉을 하면서 말하길 좋아한다. 그만큼 표정과 제스처도 풍부하다. 수형을 만날 때는 본론에 들어가기 전에 그동안의 안부나 시기적절한 칭찬 같은 적절한 여담을 나누면 분위기를 이완시키는 데 도움이 된다.

수형은 설득이나 설명을 비교적 잘하는 편이지만 서론이 길어지거나 다른 주제로 말이 새는 경우가 많아 결론을 내지 못하는 상황이 발생하기도 한다. 감성적인 반면 논리적이고 분석적인 면이 약하므로 논리적으로 접근하기보다는 적절히 감성에 호소하면서 설명하는 편이 좋다. 혹시 주제가 다른 길로 벗어나더라도 중간에 바로 지적하기보다는 가능하면 상대가 이야기를 끝낼 때까지 기다렸다가 웃으면서 바로 잡아주는 것이 좋다. 말을 중간에 자르거나 지적하면 무시당했다고 자존심 상해할 수도 있다.

수형은 일상적인 부드러운 음성으로 말하지만 다른 사람들의 말이 마음에 들지 않으면 화를 내거나 불평한다. 마음에 동요가 일어나면 미간을 찌푸리고 얼굴 근육이 굳어진다. 이들의 맹점은 자신의 진짜 의도를 위장한다는 것이다.

수형은 본론에 들어가기 전에 그동안의 안부나 시기적절한 칭찬 같은 적절한 라포 형성으로 오히려 일이 더 잘 해결될 수 있다는 실

마리를 주는 스타일이다. 특히 수형의 상사에게 보고하거나 회의를 할 때는 가볍게 일상대화로 시작해 업무대화로 이어가는 것이 현명하다.

기업은 오행 유형의 서로 다른 성향을 가진 직장인들이 얽히고 설켜 살아가는 조직이다. 직장에서 곧이곧대로 자신의 속마음을 말로 꺼내는 사람은 보기 힘들다. 그런데 말 속에 뭔가 의미를 담아 말하는 환경에서 그 속뜻을 알아채지 못하면 소통은커녕 답답한 존재로 기피 대상이 될 수 있다. 말 속에 담긴 뜻을 알기 위해서는 그만큼 상대방에게 관심을 기울이고 관찰해야 한다. 그렇다면 상대방도 나의 색을 인정할 것이다.

소통이 원활하지 못한 조직이라면 과연 그 조직이 제대로 성장할 수 있을까? 조직 내의 모든 업무는 소통을 바탕으로 이루어진다. 조직에서 어떤 직책을 맡은 사람의 성공과 실패를 좌우하는 것은 소통의 능력 즉 효과적인 대화의 기술이다. 그러므로 대화의 기술을 개선하는 것은 개인과 조직의 성과를 높이기 위해 반드시 필요한 것이다. 그리고 그 시작은 자기 소통 스타일과 상대의 소통 스타일을 아는 일이다.

얼굴 오행으로
돈을 끌어오는 전략

── 목형이여, 머리만 굴리지 말고 행동하라 ──

유명한 경제 이론인 '시소의 법칙'을 보자.

한 시골 마을 놀이터의 사과나무 밑에 시소가 있다. 많은 아이들이 시소에 올라가 사과를 따고 싶어 한다. 시소는 아이들이 많이 몰리면서 기울어 내려가고, 아이들의 작은 키로는 사과를 딸 수 없다. 그때 한 아이가 시소의 반대편 높은 쪽으로 올라가 사과를 따낸다. 그 모습을 본 아이들이 이번엔 높은 쪽으로 몰려가지만 시소는 다시 땅바닥으로 곤두박질친다.

유행에 따라 휩쓸려 다니는 투자를 경계하는 얘기다. '친구 따라 강남 가는' 투자의 결과는 이렇게 뒷북으로 끝나기 십상이다.

재테크도 얼굴 스타일에 따라 다르다. 개인의 얼굴과 성격이 다르듯 투자 성향도 각자 다르기 때문에 사람마다 재물을 모으는 재능, 관리하는 재능이 다르다. 그래서 돈과 인연이 많은 사람, 적은 사람으로 구분되는 것이다.

재무목표와 투자 성향에 따라 투자도 나에게 맞는 '맞춤형 전략'을 펴는 게 성공의 필수 요건이다. '지피지기면 백전백승.' 이런 맥락에서 타고난 '성향과 기질'에 따라 성향을 파악하고 투자 스타일을 점검하는 것도 소신 투자를 펴는 데 도움이 될 수 있다.

'투자는 질러야 제 맛?', '돌다리도 두들겨보고 건너라.'

적극적인 투자 성향을 지녔는가, 소극적이지만 치밀한 스타일을 원하는가. 얼굴 오행에 가장 잘 맞는 재테크 방식과 투자방법, 그리고 조심해야 할 점들을 살펴보자.

목형은 물질적인 풍요를 누리는 것보다 정신적인 가치를 더 중요하게 생각한다. 대개 돈을 쫓는 것을 그다지 내켜하지 않기 때문에 큰돈의 흐름에 참여하지 않는다. 수입이 적으면 적은 대로 지출을 최대한 줄여 그 안에서 계획적인 저축을 한다. 적금을 들어 매달 꼬박꼬박 돈이 조금씩 모이는 것을 보면서 뿌듯해하는 타입으로, 이들에게 적금을 거르거나 예금을 중도 해지하는 일은 절대 벌어지지 않는다.

투자를 할 때도 제일 먼저 책이나 신문을 통해 정보를 수집해 종합적인 의미를 읽어낸다. 보수 안정형이라 매사에 너무 신중한 나머지 행동에 옮기는 결단력과 순발력이 부족해 정작 추진하지 못하고 투자시기를 놓치는 경우가 종종 있다. 은행금리가 물가상승률에 못 미친다고 해도 금리보다는 '모으는' 것 자체에 의미를 두기 때문에 위험 없이 꾸준히 돈을 불려가는 적금이나 연금 등을 선호한다. 따라서 향후 결과를 쉽게 점칠 수 없는 투자형 상품보다는 만기 때 얼마를 받게 될지 예시가 가능한 금융상품이 목형의 저축 의욕을 높이는 데 효과적이다.

또한 목형은 크게 값이 떨어지지 않을 것이라 믿는 아파트 등의 안정적인 부동산에 투자를 많이 한다. 아울러 부동산도 천편일률적으로 아파트에만 투자하곤 하는데, 좀 더 차별화된 부동산에 눈을 떠보는 것도 괜찮다. 주식이든 부동산이든 타이밍이 곧 돈이다. 기본기가 탄탄한 이 유형에게는 용기야말로 큰돈을 벌 수 있는 훌륭한 무기가 될 수 있다. 어느 정도 정보와 자료가 있다면 일단 저질러보는 결단력과 추진력이 필요하다.

● ── 화형에겐 말년 보험이 필수, 토형은 부동산 투자가 최고 ──●

화형은 노년에 대비해 성장성이 돋보이는 주식이나 부동산을 한두 개 찍어 장기 투자하는 것이 좋고 장기저축이나 각종 보험에 들어두는 것도 예방책이다. 아울러 좀처럼 다른 사람의 조언에 귀기울이지 않는 습성을 고쳐 전문 투자가의 도움을 구하는 것도 좋은 방법이다. 리스크가 큰 고수익의 상품보다는 저축으로 적립효과를 늘여나가는 전략이 알맞다. 만기 때 얼마를 받을지 예시가 가능한 금융상품이 저축의욕을 높이는 데 효과적이다. 의지만 앞서는 무리한 투자보다는 적절하게 소신껏 하는 종류별 분산 저축을 하면 좋다.

화형은 평소 즐거움을 찾아다니기에 다른 유형에 비해 돈의 지출이 많은 편이다. 급하게 투자하는 방식보다 장기적인 이익이 나는 방향으로 전환해 차근차근 계획을 세워본다. 시원시원하고 적극성을 띠는 재테크 성향을 보이지만 끈기와 인내가 부족하다는 점을 고려해서 단기적 이익을 추구하기보다 장기적으로 바라보고 믿을 만한 전문가와 의논하는 게 좋다.

화형은 재테크 관련정보나 자료를 열심히 찾아다니며 돈 버는 일에 관심이 많으나 너무 판단이 빠르다 보니 체념도 쉽게 한다. 적금을 해지하거나 좋다는 데를 바쁘게 찾아다닌다. 사고파는 일이 빈번해 세금이나 수수료를 내느라 손해를 볼 수 있다.

그리고 토형은 무엇이든 큰 맥락에서 보기 때문에 전체적인 상황판단이 빠르다. 활동력이 많고 의지력과 추진력이 있어 한방에 투자하거나 올인하는 성격으로 대박을 이루려는 욕심이 있다. 의외로 금전욕이 세고 지구력이 강한 특징이 있다. 집념이 세고 의욕이 강한 편이라 계획적인 투자보다는 위험을 감수하고서라도 투자하는 편이다.

토형은 평소에는 움직임이 적고 결정적인 순간에만 강하게 밀고 나가는 경향이 있다. 단기보다는 장기적인 일에서 진가를 발휘한다. 그래서 토형에게는 부동산 투자가 적합하다. 고수익을 추구하면서 장기적인 안목으로 투자하면 좋다. 더 큰 이익을 남기기 위해서는 직관력과 모험심을 겸비할 필요가 있다. 토형은 자신의 안일함이 우선이기 때문에 조금 이기적이고 속물적인 태도를 보이기도 한다. 변화를 싫어하고 게으른 면이 있어서 투자해놓고 잊어버리는 경우도 있다.

토형은 자신의 애정을 표현하는 데 돈을 쓴다. 즉, 가족이나 친구, 그리고 도움을 받은 사람들에게 정성을 표현할 때 돈을 적절히 사용하는 데 그 가치를 두고 있다. 남에게 베푸는 데 능숙한 통이 큰 스타일이다.

자산관리에 성공하기 위해서는 분명한 목표와 그것을 이루기 위한 구체적인 행동계획을 세우고 실천하는 노력이 필요하다.

·── 금형이여, 한방에 올인하지 마라 ──·

금형은 자신의 권위와 힘을 과시하고 싶어 한다. 그래서 많은 돈을 벌고 좋은 차를 사고 좋은 집을 사고 싶어 한다. 돈의 흐름에 대한 감각이 탁월해서 단 한 번의 투자로 큰돈을 버는 경우도 많다. 이들은 추진력의 대가이기 때문에 어떤 일이든 불가능하다고 생각하지 않는다. 어떤 어려움도 두려워하지 않는 두둑한 배짱과 과감함은 큰돈을 벌 수 있는 밑천이다.

금형은 투자에 있어서도 최대한 수익을 높이는 데 집중하는 편이다. 그만큼 위험부담도 크다. 성장주를 선호하며 분산투자보다는

'몰빵'을 즐긴다. 뭔가 꼼꼼히 따지기보다는 자신의 본능적 감각을 신뢰한다. 느낀 대로 생각한 대로 바로 행동으로 옮긴다.

금형은 투자에 나설 때 반드시 적은 돈으로, 그리고 빚을 지지 않고 자신의 돈으로 투자하는 습관부터 들여야 한다. 따라서 쉽게 대출을 받지 않도록 조심해야 하며 자기 통제력을 키우는 데 초점을 두어야 한다. 하지만 즉흥적으로 판단하는 것만 잘 조절하면 타이밍이 중요한 주식 투자에서 높은 수익을 거둘 수도 있다.

진취적인 성향의 금형은 직접 투자를 기본으로 하되 리스크를 줄이는 차원에서 장기 투자를 하고 만일의 경우에 대비해 여윳돈을 반드시 준비하는 게 좋다. 주식시장이 좋지 않을 때 추가로 불입할 수 있는 여윳돈이 있어야 금형의 급한 성격을 다소 누르고 기다릴 수 있는 마음을 갖는 데 도움이 되기 때문이다.

동작을 조금 더 굼뜨게, 조금 더 치밀하게 해서 투자를 결정하고 일정 비율은 안정적인 부동산에, 또 일정 비율은 시설투자를 한다는 기본원칙을 세워놓는 것이 좋다. 특히 콧구멍이 큰 금형은 입출이 용이해 남에게 돈도 잘 빌려준다. 따라서 현금은 부동산이나 적금 등 중도해지하기 어려운 곳에 묻어두는 게 좋다. 금형은 눈에 보이는 현물이 최고의 투자 상품이라 생각한다.

수형이여, 사람에게 투자하는 절반이라도 저축하라

수형은 재테크 개념이 부족한 편이다. 워낙 사람들을 만나고 즐기는 것을 좋아하다 보니 자기계발이나 저축보다는 교제비로 수입의 상당부분을 지출한다. 좋아하는 사람들과 좋은 분위기에서 맛있는 음식 먹고 이야기 나누는 시간은 이들에게 무엇과도 바꿀 수 없는 소중한 시간이다.

수형은 원칙 중심 성향이 약하므로 끊임없는 관리가 요구된다. 방심하면 정에 약해서 보증이나 담보 없이 돈 거래를 하거나, 상대방을 잘 믿는 관계로 불리한 계약이나 사기를 당할 우려가 있다. 어려운 부탁 앞에선 딱 잘라 'NO'라고 말하는 것이 불필요한 자산을 낭비하지 않는 길이다.

수형은 돈에 대해 막연하게 생각하는 경향이 강해서 내가 필요할 때 쓰고 투자할 만하면 한다는 즉흥적인 면이 강하다. 주위 사람들의 권유로 투자를 하는 경우도 많고 사람을 통해 재테크를 하기도 한다. 사람에 대한 믿음을 최우선으로 하기 때문에 정보를 믿고 투자를 결심하기보다는 믿을 만한 사람이 있어서 투자를 결심하고 보험을 들어주는 쪽이다.

이들의 투자는 곧 사람에 대한 투자이다. 인간관계로 정보를 얻는 것이 강한 반면 객관적인 자료를 통해 원하는 정보를 얻는 것은 어려워한다. 무엇보다도 수형에게는 계획적으로 자산을 관리하는 요령이 필요하다. 수입의 일정비율 이상을 먼저 저축한 다음에 남은 돈으로 생활하는 기본적인 지출구조를 가져야 한다.

Part
4

첫인상을 버리고
인상을 살펴라

얼굴을 읽을 때 세부적인 기준이 되는 것이 바로
귀, 눈썹, 눈, 코, 입이다. 이들의 생김새를 관찰함으로써
상대의 에너지 흐름을 가늠할 수 있다.

얼굴을 읽는 또 하나의 코드, 오관

─── '오관'은 나를 살리는 벼슬아치 ───

인상학에서는 우리 몸의 가장 높은 곳에 위치하면서 일생동안 나를 지켜주는 임무를 맡은 귀, 눈썹, 눈, 코, 입 다섯 부위를 오관(伍官)이라 한다. 벼슬아치(官)처럼 이름을 붙인 것이다.

오관은 체내에 있는 오장 즉 간장, 심장, 비장, 폐장, 신장을 관장하고, 그것들의 기능의 우열 여부는 곧 각 오관의 기운에 반영된다.

『마의상법』 '오관 총론'에 따르면 "오관 중 한 곳이 복이 있게 생기면 10년 동안 그 복이 있다." 하였고 "오관이 모두 잘 이루어지면 평생토록 부귀를 누린다." 하였다.

얼굴을 읽는 기준은 여러 가지가 있겠지만 그중 놓치지 말아야 할 부위가 바로 귀, 눈썹, 눈, 코, 입이다. 이들의 생김새를 관찰하는 것이 기본인 것은 이곳이 바로 우리들 삶의 의지, 활동력을 상징하는 에너지의 출발점 역할을 하기 때문이다.

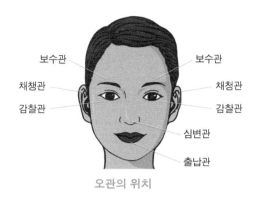

오관의 위치

귀	가려서 듣는 채청관
눈썹	목숨을 보호하는 보수관
눈	바르게 감시하고 살피는 감찰관
코	분별하여 자기주장을 펴는 심변관
입	사람의 마음을 표출하는 출납관

　얼굴 양쪽에 붙어 있는 귀는 들리는 대로 받아들이지 않고 가려서 듣는 임무를 맡았다고 하여 채청관(採聽官)이라고 한다. 오관의 근본으로서 생명력의 뿌리를 이루며 인체 내부의 장기 가운데 신장에 해당한다. 그리고 신장은 우리 몸이 태어날 때부터 갖고 나오는 근원적인 생명력과 관련된 기관이자 생식 비뇨기 계통과 연결되는

　　　　　　　　　　　　　　　　　　　　──── 얼굴 소통 심리학

기관이다.

귀는 타고난 운을 보여주는 부위일 뿐만 아니라 타고난 체질과 성품을 보여주는 부분이기도 하다. 귀가 좋아지면 오장육부가 좋아지므로 윤택한 귀는 장수할 수 있다.

그리고 눈썹은 오관 중에서 우리의 정신력과 생명력을 상징하는 눈을 보호하고 수명을 보존하는 존재로 보수관(保壽官)이라 한다. 머리카락과 눈썹은 혈액과 관계가 있으며 형제자매 혈연관계로 본다.

눈의 길이를 다 덮을 정도로 길어야 좋은 눈썹이다. 만약 눈썹의 길이가 눈보다 짧게 생겼다면 인덕이 좋지 않으며 자식이나 재물의 인연도 좋지 않은 것으로 판단한다. 눈썹 관리를 잘하여 간담의 기능을 증진시키고 교감신경과 부교감신경을 안정시키자.

── 빛나는 눈, 반듯한 코, 예쁜 입을 만들 것 ──

눈은 오관 중에서 사물을 보고 살피는 기관이라 하여 감찰관(監察官)이라 한다. 일반적으로 눈은 마음의 창이라고 하듯이 눈을 보면 그 사람의 감정과 성격을 알 수 있고 심리상태를 짐작할 수 있다. 몸이 천 냥이면 눈은 구백 냥이라는 말이 있듯이 눈은 영혼이요 마음이다. 좋은 눈이란 그윽한 눈빛에 눈동자가 검고 빛이 나는 눈이다. 그와 같은 눈을 가져야 정신력, 에너지가 충만하여 자신의 삶을 제대로 이끌어갈 수 있다.

오관에서 움직이는 곳은 눈과 입이다. 그래서 눈을 볼 때는 움직임까지 잘 관찰해야 한다. 얼굴이 웃어도 눈이 웃지 않으면 진심으로 웃는 것이 아니다. 눈동자의 움직임은 안정된 것이 좋고, 눈을 자주 두리번거리는 것은 좋지 않다. 곁눈질로 보는 것도 좋지 않다. 옆을 볼 때는 고개가 자연스럽게 돌아가는 것이 좋다.

그리고 코는 우리 얼굴의 가장 중앙에 자리 잡고 있어 모든 냄새와 향기를 분변심판(分辨審判)한다. 후각을 담당하는 코는 신경세포가 두뇌로 하여금 올바른 냄새를 맡도록 하는 안내자이다. 세상의 중심이 나라고 한다면 코가 바로 나에 해당한다. 사물을 깊게 살펴 옳고 구름을 분별하여 나의 주장을 펴는 심변관(審辨官)으로서의 코의 모양은 재산과 금전 및 사업운의 기준이 된다. 그리고 코는 40대 중년의 운을 판단하는 부위로 인생의 절정을 판가름하는 최고로 중요한 부위이다.

사람마다 코의 생김새는 다르고 그 모양에 따라 성격과 운도 다르다. 코 관리를 통하여 반듯한 코를 유지하는 것이 건강운과 재물운을 좋게 하는 길이다.

마지막으로 입은 음식, 말, 에너지가 들고 나가는 곳이다. 몸을 보양하는 음식이 들어가는 출입문이고 생각과 느낌을 음성으로 표현하는 곳이므로 출납관(出納官)이라 한다. 입은 우리가 말을 하는 데 쓰는 기관이다. 한번 나간 말은 다시 거둬들일 수 없으니 말로써 화(禍)와 복(福)을 만들며 온갖 시비가 발생한다. 따라서 남의 아픈 곳을 들춰내지 말고, 따뜻한 말로 위로해주며, 주위를 편하게 해주는 것이 좋다.

또한 입은 음식을 먹는 데 쓰는 기관이다. 음식은 한마디로 먹을 복을 말하는 것으로 입이 클수록 먹을 복을 많이 타고났다고 한다. 입은 성적인 본능, 감정표현, 맛을 동시에 느끼므로 밝게 사느냐 어둡게 사느냐에 따라서 입모양은 달라진다. 입모양은 사는 환경과 상황에 따라서도 변화한다.

귀 모양은 마음의 그릇을 보여준다

· ── 부처의 귀가 큰 이유는? ── ·

얼굴의 이목구비를 말할 때 귀가 제일 먼저 나오는 이유는 뇌의 첫 출발점이자 초년운의 시발점을 보는 곳이 귀이기 때문이다. 귀는 사람 태생의 근본을 보는 곳으로 타고난 심성과 지혜와 타인과의 청각적인 소통 능력을 관찰하는 곳이다. 얼굴을 집에 비유한다면 귀는 담장, 즉 울타리와 같은 역할을 하는 것으로 볼 수 있다. 또한 사회적 측면에서 볼 때 귀는 정보와 통신의 수단이라고도 할 수 있다.

우리는 흔히 좋은 귀를 이야기할 때 부처님 귀를 이야기한다. 귀가 눈썹 위에서 시작하여 크고 귓불이 두툼하며 죽 내려와 있는 형태이다. 이런 귀를 복귀라 하며, 부귀와 장수를 누릴 뿐 아니라 제왕도 될 수 있는 관상이라 여긴다. 관상학이 유래한 중국뿐만 아니라 인도에서도 성인들은 보통사람과 달리 크고 긴 귀를 가졌다고 묘사하는데, 이는 큰 귀를 가지고 모든 중생들의 생로병사의 괴로움을 경청해준다는 의미이다.

사실상 귀는 커야 잘 들을 수 있다. 언론인 손석희 앵커가 국민들에게 가장 믿을 만한 언론인 1위에 꼽히게 된 이유 또한 그의 큰 귀에서 찾을 수 있다. 언론인으로서 귀가 크다는 것은 정보력이 뛰어나다는 것을 의미하니, 귀가 큰 사람이 직업적으로 언론인의 길을 걷는다면 성공할 가능성이 많아진다.

그리고 귀는 소리를 듣는 부위로 남의 말을 잘 들어주는 사람인지, 그렇지 못한지의 여부도 판단하는 곳이다. 얼굴을 정면에서 보았을 때 귀가 잘 보이는 사람은 남의 말을 잘 들어주는 사람이다. 반대로 정면에서 귀가 잘 보이지 않게, 즉 머리 쪽으로 귀가 젖혀져 있는 사람은 타인의 말을 들어주기보다는 자신의 주장을 관철하는 의지력이 강한 사람이다. 그리고 귀가 살집이 얇고 부드럽게 생겼다면 요즘 표현으로 '팔랑귀'일 확률이 높으니 상대방의 말을 들어야 할 때에는 신중하게 판단해서 결정하는 것이 좋겠다.

우리가 진정으로 소통하기 위해서는 타인의 아픔을 이해하는 일이 우선이며, 그러기 위해서는 상대방의 말에 진정으로 귀를 기울이는 일이 필요하다. 소통보다는 경청이 우선인 것이다. 부처님의 귀가 그렇게 큰 이유도, 중생의 소리와 아픔을 남김없이 듣겠다는 의지의 상징이 아닌가 싶다.

•── 상대의 말을 경청하면 마음을 얻는다 ──•

　귀에 관해서는 또 한 사람의 유명인사가 있다. 바로 공자이다. 중국 북경의 천안문광장에 가면 공자 동상이 있는데 유난히 귓불이 크고 긴 것을 볼 수 있다. 귀만 놓고 본다면 절에 있는 부처님 귀와 같다. 이처럼 난세의 영웅이나 자비의 깨달음을 얻은 성인들은 모두 귀가 크고 귓불이 길다.

　소통이 잘 되려면 말하는 입보다 듣는 귀를 발달시켜야 한다. 30분 동안 프레젠테이션하는 것보다 3분간 듣는 것이 훨씬 효과적이다. 상대방의 말을 경청해주는 것은 따뜻한 배려이자 건강한 소통방식이다. 그러나 대부분의 사람들은 지금 하는 상대방의 말에 귀 기울이기보다는 '다음에 무슨 말을 할까?'에 더 신경을 쓰기 때문에 자신이 들은 전체 내용 중 4분의 1만을 듣고 나머지 4분의 3은 그냥 흘려버리게 된다고 한다. 분명히 상대방의 이야기를 다 듣긴 들었는데 말이다. 왜 이런 현상이 일어나는 걸까?

　대부분의 사람들은 듣기보다 말하기를 좋아한다. 그러나 말하기를 잘하고 좋아한다고 해서 소통이 잘되는 것은 아니다. 오히려 말하기보다 듣기를 잘하는 사람이 소통을 잘할 뿐 아니라 바람직한 인간관계를 형성한다. 우리 주변엔 말이 지나치게 많아 비난받는 사람은 있지만 남의 얘기를 잘 들어준다고 해서 비난받는 사람은 적다.

　그렇다면 진심으로 경청한다는 것은 어떤 의미일까? 진정한 경

얼굴 소통 심리학

청은 내 입장에서 해석하고 답을 내리는 것이 아니라 상대방의 입장을 있는 그대로 받아들이고 이해하는 것이다. 정서적으로 고통을 느끼는 부분에 공감만 해주어도 상대는 든든한 지원군을 만난 것처럼 편안한 느낌을 받는다.

미국의 의학자이자 시인으로 유명한 올리버 웬들 홈스는 "말하는 것은 지식의 영역이고 듣는 것은 지혜의 영역이다"라고 하며 경청의 중요성을 강조했다. 또한 '이청득심(以聽得心)'이란 사자성어가 있다. 상대방의 말을 경청하면 상대방의 마음을 얻는다는 뜻이다. 알렉산더, 나폴레옹, 히틀러 이들 세 사람이 정복했던 땅을 합친 것보다 더 넓은, 세계 역사상 가장 넓은 대륙을 지배했던 몽골제국의 황제 칭기즈칸은 "배운 게 없다고 탓하지 마라. 나는 이름도 쓸 줄 몰랐지만 남의 말에 귀 기울이며 현명해지는 법을 배웠다. 지금의 나를 가르친 것은 내 귀였다"라고 말했다.

부처처럼 귀가 크면 지혜와 인덕이 많은 사람으로 본다. 이유는 '경청'에 있는 것이다. 성공한 사람들은 다른 사람의 이야기를 끝까지 들을 줄 아는 사람이다. 항상 자신만 옳다고 생각하는 사람에 비해 의견이 다른 이야기를 귀담아 들을 줄 알면 그만큼 세상 보는 눈이 넓어지고 지혜가 생겨난다는 의미이다. 또한 다른 사람의 이야기를 끈기 있게 듣기 때문에 지혜가 있고 심성이 어질어진다. 즉 잘 듣는 사람이 다른 사람과의 의견교류나 정서교류에 능숙하며, 자연스럽게 그 사람 주변에는 따르는 사람이 늘어나는 법이다.

• ── 귀 모양보다 경청의 자세가 더욱 중요 ──•

　보험이나 자동차 등 영업 일선에서 잘나가는 우수 영업사원들은 말하기의 달인이 아니라 듣기의 달인들이라고 한다. 사람들의 마음의 문을 열게 하려면 먼저 자신의 귀를 활짝 열어놓아야 한다. 사람을 움직이는 힘은 입이 아니라 귀에서 나온다. 우리나라를 대표하는 삼성그룹의 3대(이병철, 이건희, 이재용)의 귀를 살펴보면 정면에서 볼 때 귀가 잘 보일 정도로 적당히 노출되어 있다. 이런 귀는 경청할 줄 아는 귀이다. 그만큼 변화하는 시대에 빨리 적응하고 누구보다도 정보를 빨리 받아들이며 활용하는 능력 또한 뛰어나다고 할 수 있다.

　고 이병철 삼성그룹 창업주는 자식에게 본격적인 경영수업을 시작하면서 당시 37세였던 셋째아들 이건희를 그룹 부회장으로 승진시키고 '경청(傾聽)'이란 글자를 써주며 남의 말을 잘 듣는 것이 바로 리더가 해야 할 일이라고 말했다고 한다. 자신이 하고 싶은 말을 참고 상대방의 말을 잘 듣는다는 것은 상당한 훈련이 아니면 어려운 일이다. 따라서 상대방의 말을 잘 듣는 것이 비즈니스에서 가장 중요한 덕목임을 강조한 것이다. 그래서일까? 이건희 회장은 경청을 자신의 좌우명으로 삼고 자신의 말을 아끼고 상대방의 말에 귀를 기울인 것으로 잘 알려져 있다.

　경청은 눈과 귀와 마음을 다해 주의하고 힘을 들이고 정성을 다한다는 의미이다. 귀를 기울여 들을 수 있는 것은 소리와 말과 한숨과 넋두리고, 눈으로 들을 수 있는 것은 표정과 태도, 손짓, 몸짓일 것이며, 마음을 기울여 들을 수 있는 것은 걱정과 근심, 기쁨과 슬픔, 진실과 거짓이다. 경청한다는 것은 눈과 귀와 마음을 융합하여 상대방과 통한다는 뜻이다.

우리 조상들은 소리(창)를 잘하는 '소리명창'보다는 소리를 잘 듣는 '귀명창'을 더 높이 쳤다. 또 "일고수이명창"이라고 하여 오랜 시간 동안 창을 할 수 있도록 적절하게 장단을 맞춰주는 고수를 더 높이 평가했다. 언뜻 생각하기에는 이해가 잘 안 되지만 깊이 생각해보면 우리 조상들의 높은 식견에 절로 고개가 숙여진다.

입은 하나이고 귀가 두 개인 까닭을 생각해보자. 아름다운 소통을 위해 우리 모두 귀명창이 되어보는 것은 어떨까? 상대방과의 대화를 성공적으로 마치기 위한 가장 중요한 전제조건은 상대방에게 내 관심을 모두 쏟는 것이다. 즉 서로가 소통을 잘한다는 것은 상대의 마음을 열게 하고 그의 신뢰를 얻으며 결국 그의 동기를 유발해내는 것이다. 그러기 위해서는 상대의 말을 매우 진지하게 받아들이고 있다는 것을 분명히 보여주면 된다.

이 세상 최고의 아부를 경청이라고 한다. 아부가 아니더라도 상대에게 관심을 표현하는 최고의 방법인 셈이다. 경청 하나만으로 사람의 마음을 녹일 수 있다. 그러한 경청의 도구가 귀이다. 귀의 모양도 중요하지만, 귀로 듣는 경청의 자세가 더욱 중요하다.

의외로 표정을 좌우하는 눈썹

── 얼굴의 조화와 균형을 이끄는 눈썹 ──

어느 날 얼굴에서 한바탕 말다툼이 벌어졌다. 얼굴에 있는 눈, 코, 입이 한자리에 모여 눈썹을 성토했다. 자기들이 늘 눈썹의 밑에 자리 잡고 있는 것이 못마땅했던 것이다. 그래서 각자 자기자랑을 늘어놓은 다음에는 이구동성으로 아무 말도 하지 않은 채 높은 곳에 자리 잡고 있는 눈썹을 향해 따졌다.

"너는 왜 늘 우리들 위에 앉아서 잘난 체하고 있느냐? 도대체 너는 무슨 대단한 일을 하고 있는 것이냐?"

모두가 눈썹에게 불평을 털어놓자 눈썹이 말했다.

"참, 자네들은 중요한 역할을 하고 있지. 입으로는 음식을 먹고, 코로는 숨을 쉬며, 눈으로는 사물을 보는 등 자네들의 수고로움에 항상 감사하고 있네."

듣던 눈, 코, 입이 "그럼 네가 하는 역할은 무엇이냐?" 하고 물으니 눈썹은 말했다.

"나는 참으로 부끄럽게 생각하네. 어떤 역할을 하고 있는지 나 자신도 깨닫지 못하고 있으니 답을 할 수 없네. 다만 조상 대대로 물려준 자리를 미안하다 생각하면서 열심히 지키고 있을 뿐이라네."

청나라의 학자 유곡원이 쓴 수필집 『안면문답』에 나오는 내용이다.

얼굴에서 아무 역할도 하지 않는 눈썹이 가장 높은 자리를 차지하는 이유는 무엇일까? 만약 눈썹이 소용없다고 해서 밀어버린다면 우리 얼굴의 균형이 깨질 것이다. 눈썹이 없다면 눈, 코, 입도 보기가 흉할 것이다. 눈썹은 그야말로 얼굴의 조화와 균형을 이끄는 중요한 역할을 하는 것이다.

─── 5분의 1초에 가능한 눈썹 인사 ───

무표정한 얼굴은 늘 상대를 당황시킨다. 요즘 많은 사람들이 더 아름다운 얼굴을 갖기 위해 이마 부위에 보톡스를 맞으면서 눈썹을 들어올리지 못하게 되었다. 보톡스 덕분에 더 이상 주름이 생기지 않게 되었지만 멍한 표정처럼 보이는 결과를 낳은 것이다. 이처럼 눈썹 운동을 제한하는 보톡스 시술을 받은 사람들의 얼굴에서는 감정을 식별하기가 쉽지 않다.

눈으로 상대에게 신호를 보낼 때 메시지를 더욱 강조하도록 도와주는 부위가 바로 눈썹이다. 눈썹은 눈 위쪽으로 튀어나온 뼈에 나 있으며 자유롭게 치켜올렸다 내렸다 할 수 있어서 얼굴의 구조를 바꿀 수 있다. 다른 이목구비를 전혀 움직이지 않고 단지 눈썹만 움직여서 표정을 확 바꿀 수 있는 것이다. 얼굴 표정을 바꿀 때 눈썹을 이용하면 표정이 훨씬 더 강조돼 다른 사람의 눈에 쉽게 띌 수 있다.

우리는 매일 거리에서 사람들을 스쳐지나갈 때 자신도 모르는 사이에 눈썹을 위로 움직이는데 그런 표정으로 무의식중에 다른 사람에게 인사를 하는 것이다. 누군가를 만나 관심과 호감이 가면 우리는 인사의 표시로 눈썹을 움직인다. 대략 5분의 1초라는 짧은 시간에 사람들이 눈썹을 살짝 움직이는 것을 볼 수 있다.

다른 사람에게 무엇을 요구하거나 대화 도중 자신의 의견을 강조할 때에도 종종 우리는 눈썹을 올리는 표정을 짓는다. 눈썹을 올리는 표정을 얼마나 오랫동안 짓고 있는가에 따라 그 의미가 조금씩 달라진다. 그것은 "말도 안 돼!"라는 뜻으로 상대가 하는 이야기가 정말 충격적이라는 의미로 해석될 수도 있고, "세상에, 당신에게 그런 일이 일어났다는 게 믿어지지 않아요!"라는 뜻으로 겁에 질렸다는 의미일 수도 있다. 또 "이런 정말?"의 뜻으로 의심스럽기는 하지만 그냥 놀란 척하는 의미일 수도 있다.

이와 같이 사람들은 눈썹을 올리는 표정으로 의사전달을 하면서도 자신이 그렇게 하고 있다는 사실조차 인식하지 못한다.

　　　　　　　　　　　얼굴 소통 심리학

눈썹만으로도 인상은 크게 바뀐다

레오나르도 다빈치의 〈모나리자〉와 프리다 칼로의 〈자화상〉을 보면 눈썹이 표정에 큰 영향을 미치는 것을 알 수 있다. 모나리자처럼 눈썹이 없으면 표정을 읽기 어렵고, 프리다 칼로 자화상처럼 눈썹이 강하면 더욱 완고한 느낌을 준다.

눈썹을 재빨리 올렸다 내리는 동작은 눈인사를 의미한다. 눈썹을 움직여서 내 얼굴에 변화를 주면 상대방의 시선을 자연스럽게 나의 얼굴로 가져올 수 있다. 그래서 이는 멀리 있는 상대방을 발견했을 때 보내는 신호로 자주 쓰인다. 이때는 내가 당신을 발견했다는 뜻이다.

눈썹을 올리면 보통 순종적이라는 이미지를 심어준다. "나는 당신을 공격하지 않는다", "당신을 보고 깜짝 놀랐다"는 의미이다. 눈

섭이 위로 올라갈 때는 주로 흥미나 호기심 등의 긍정적인 정서를 느끼고 있다는 메시지이고, 실제로 깜짝 놀랄 때도 눈썹이 위로 올라간다. 반면 눈썹이 아래로 내려온다는 것은 분노, 실망, 슬픔 등 부정적인 심리를 표현하는 것이다.

눈썹의 형태는 실로 매우 다양하다. 이러한 다양성은 사회생활에 대단히 유리하다. 양쪽 눈썹이 살짝 올라갔다 내려오는 것은 반가움이나 환영의 감정이다. "반갑습니다", "어서 오십시오"라는 인사말과 함께 눈썹을 살짝 올렸다 내리면 환영의 마음이 진정성 있고 뚜렷하게 전달된다. 그리고 눈썹을 위로 치켜세운 표정은 항상 '그것에 대해 더 알고 싶다'는 관심을 암시한다.

또한 눈썹뼈가 발달한 사람은 성미가 급하고 자기가 옳다고 마음먹으면 주위에서 반대해도 해내는 스타일이다. 이런 스타일은 타부서와 협조가 잘 되지 않는 성격으로 능력이 있을지라도 여러 사람으로부터 신망을 얻지 못한다. 그러니 이런 사람을 만나면 공격적인 성향이 강하다는 것을 미리 알아서 가급적이면 지나친 경쟁과 다툼을 회피하는 편이 지혜롭다.

눈썹은 우리 얼굴에서 조연 역할을 한다. 만약 얼굴에 눈썹이 없다면 상대의 감정을 읽고 자신의 감정을 표현하는 데 매우 어려움이 있을 것이다. 눈썹의 가장 중요한 기능은 끊임없이 변화하는 감정정보를 나타낸다는 것이다.

사실상 첫인상을 결정하는 중요 요인이자 개인 성격을 가장 잘 보여주는 곳이 눈썹이다. 눈썹은 모양만 살짝 바뀌어도 전체적인 이미지에 영향을 줄 수 있을 만큼 중요하다. 특히 인상학에서 눈썹은 사람의 성격이나 능력, 수명 등을 나타내는 매우 중요한 역할을 한다. 눈썹은 두 눈을 돋보이게 하는 부위며 눈을 보호하는 지붕과 같다. 지붕이 있어야 비와 바람을 막아주듯이 눈에도 눈썹이 있어야 눈을 보호해준다. 그래서 눈썹은 눈길이보다 약간 긴 것이 좋다.

얼굴 심리를 이야기할 때 갑작스런 변화를 주기가 힘들다고 말하는 사람이 많다. 이때 눈썹을 이용하자. 얼굴에서 눈썹은 약간만 변화를 줘도 인상이 크게 바뀐다. 스타일, 화장법 등 다른 것을 당장 바꾸기 어렵다면 눈썹부터 바꿔보자. 크게 변한 자신을 발견할 수 있을 것이다.

눈이 거짓말을 못하는 이유

─•─── 눈맞춤이야말로 소통의 시작 ───•─

몸이 천 냥이면 눈은 구백 냥, 화룡점정 등의 말처럼 눈은 커뮤니케이션의 핵심 수단이다. 눈은 입으로 말하는 것보다 많은 말을 하고 중요한 말을 한다. 이유는 간단하다. 눈은 마음의 창이요, 눈으로 그 사람의 감정과 생각을 읽을 수 있으며, 애초에 눈은 거짓말을 못하기 때문이다.

인간은 서로의 눈을 통해 다양한 의사소통을 할 수 있다. 우리는 눈을 통해 가장 많은 정보를 전달하며, 다른 사람의 눈이 보내는 신호를 파악할 수 있는 능력은 실로 효과적인 소통에 상당한 도움을 준다. 만약에 사람들의 눈에서 나타나는 신호가 무엇인지를 정확히 이해할 수만 있다면 우리의 소통능력은 놀라울 정도로 향상될 수 있을 것이다.

사람을 대할 때 그 사람의 눈을 마주본다는 것은 스스로에 대한 만족감과 자신감, 신뢰감을 느끼며 그 사람의 말을 경청하고 있다는 표시이다. 말하는 사람은 상대방이 이해했는지 확인하기 위해, 듣는 사람은 상대방 혹은 상대방의 말에 관심이 있음을 표시하기 위해 서로 시선을 교환한다.

사람들은 대화 상대의 얼굴을 볼 때 응시 시간의 43.4%를 눈, 12.6%를 입 주위에 집중하는데, 그만큼 눈이 상대방의 감정이나 평가를 드러내기 때문에 주목하는 것이다. 다른 사람들의 눈에 비치는 비언어적인 단서를 모두 이해하면 우리는 상대의 허위, 진정성을 가릴 수 있다. 또한 눈은 사람을 끌어당기는 마술 같은 매력을 느낄 수 있는 곳이기도 하다.

그런데 대부분의 한국 사람들은 상대방의 눈을 쳐다보는 것이 자연스럽지 않다. 전철을 타면 가장 불편한 게 바로 앞자리에 마주 앉은 사람과 눈 마주칠 때의 어색함이다. 그래서 대부분 눈을 감고 조는 척하거나 딴전을 피우는 사람들이 많다. 다행히 요즘은 모두들 스마트폰을 들여다보는 바람에 앞 사람과 눈길 마주칠 일이 없어지기는 했다.

반면 서양인들은 눈에 무게중심을 두고 소통한다. 말은 입으로 하지만 소통은 눈으로 한다는 말이다. 눈길을 통해 상대의 본심과 그 강도를 짐작하기 때문에 서로가 시선을 놓치지 않는다. 그렇기 때문에 자신이 말을 할 때 상대가 딴 데 시선을 두는 것을 모욕으로 여긴다. 그들은 음식은 물론 커피나 차, 술을 마시는 그 짧은 순간조차 상대와의 교감을 위해 시선을 상대에 두고 바른 자세로 집중한다.

눈맞춤은 대화하거나 인사할 때 상대와 눈길을 마주하며 상대방과 감정 세계를 교감하는 열쇠라고 할 만큼 강렬한 수단이다. 상대방과의 교감과 신뢰를 만드는 매우 짧은 순간의 눈맞춤은 상대방을 향한 지극한 배려이자 소통의 도구인 셈이다.

눈맞춤에 능숙한 사람은 다른 사람들과 폭넓게 인간관계를 맺을 수 있다. 뿐만 아니라 이성에게 호감을 주는 매력적인 사람이 될 수 있으며, 나아가 취업에서나 직장, 비즈니스 상황에서도 큰 효과를 얻을 수 있다.

·─── 모든 시선은 하나의 감정을 담고 있다 ───·

갓난아기나 어린아이들은 성인보다 더 큰 눈동자를 가지고 있으며 그들의 눈동자는 어른이 앞에 있을 때는 관심을 끌기 위해 계속해서 팽창한다. 주목받고 싶은 욕망이 동공의 확장으로 나타난 것이다. 동공 관찰은 고대 중국의 보석상들도 사용한 방법인데, 그들은 보석의 가격을 흥정할 때 고객의 동공 확장을 살폈다.

우리 눈동자는 어떤 자극이 주어지면 동공의 확장과 축소로 반응한다. 어떤 물건이나 사람에게 매력을 느낄 때면 동공은 넘치는 감정에 의해 크기가 보름달처럼 커진다. 그러나 잔혹한 장면을 대할 때나 불쾌감을 느끼고 분노하거나 모순되는 것을 볼 때 동공의 크기는 작아진다.

공자는 다음과 같이 말했다.

"사람들의 동공을 쳐다보라. 사람들의 동공은 거짓말을 하지 않는다."

동공의 크기 변화를 감지할 수 있다면 세일즈, 연애, 협상, 설득의 순간뿐만 아니라 모든 소통에서 우리가 원하는 것을 얻을 수 있다. 포커페이스로 표정을 감춘다고 하더라도 감정이 담긴 눈빛을 감추기란 쉽지 않은 법이다. 그러므로 자신의 내면을 노출시키지 않으려는 사람들은 자동적으로 눈맞춤을 피하기 쉽다. 자신의 부정적인 마음이 눈을 통해 드러나 상대에게 들킬지 모른다고 생각하기 때문이다. 빛과 상관없이 야구감독이나 코치가 선글라스를 자주 끼는 것도 같은 이유에서이다. 비밀스러운 작전을 지시하다 보니 자신의 눈빛을 감추고 싶은 것이다.

반대로 상대방의 눈을 절대 피하지 않는 유형이 있다. 이런 사람들은 상대방을 지배하려는 욕구가 강한 사람이라고 해석할 수 있다. 이들은 상대방과 대화를 하는 것이 아니라 마치 눈싸움을 하는 것처럼 보인다. 일정 시간이 지나면 이런 모습은 정말 위협적일 수 있다.

거짓말을 하는 사람 역시 똑바로 상대의 눈을 쳐다보지 못한다. 그런데 이는 사회적인 활동에서 긴장하거나 부끄럼을 잘 타는 사람이 시선을 피하는 것보다 확실하게 드러나는 행동은 아니다. 따라서 상대가 하는 말이 의심스럽다면 그의 감정과 의도를 읽기 위해 최대한 집중해야 한다. 속임수를 쓰는 사람은 대개 상대방에게 시선을 오랫동안 유지하지 못한다. 어느새 상대의 눈이 아닌 옆 어딘가로 눈을 돌리기 마련이다.

통상 시선이 왼쪽을 쳐다보는 것은 무언가를 기억하려고 노력하는 것이고, 오른쪽을 쳐다보면 새로운 생각을 떠올리는 것이다. 지속적으로 눈길을 오른쪽으로 돌리는 사람은 거짓말을 하고 있을 수도 있다.

── 소통에 능한 눈의 생김새는? ──

인상적 관점에서 볼 때 눈이 큰 사람은 자기의 감정이나 생각을 빨리 표현하고 발산해버린다. 항상 밝게 생활하고 주위 사람에게 인기가 많고 정이 많아 다정다감하다. 주위 사람들에게 자신을 드러내는 데 탁월한 소질이 있고 호기심이 강하고 정보에 민감하다. 속을 드러내고 비밀이 없고 솔직하며 남의 말을 잘 믿는 경향이 있다.

반면 큰 내공과 저력을 지니는 작은 눈의 소유자는 집안의 커튼을 반만 쳐놓아 방안을 다 들여다볼 수 없는 것처럼 속내를 알 수가 없다. 뭔가 해결해야 할 일이 있으면 답을 찾을 때까지 파고드는 매우 끈질긴 성격으로, 이들은 멀리 내다보고 치밀하게 계획을 세운다. 말도 신중하고 조심스럽게 하며 자신의 감정을 많이 삭이는 사람으로 경쟁상대가 타인이 아니라 언제나 자기 자신이다.

── 얼굴 소통 심리학

가느다란 긴 눈은 사색을 즐기며 거시적으로 멀리 보는 눈이다. 의견을 구할 때도 누굴 딱 집어 부르기보다 두루 불러 의견을 묻는다. 자기 마음에 드는 사람이 있어도 내색하지 않으며, 주변 사람들에게 이래라 저래라 하기보다는 상대가 자발적으로 움직이길 기다린다.

그리고 눈꼬리가 올라가면 승부욕이 강하며 지고는 못 사는 성격으로 성공을 추구하는 눈이다. 한 발 뒤로 물러서는 법이 없이 자신이 취할 만한 것은 확실히 취하며 반응이 빠르고 결단력이 있어 자기 의사도 분명하게 직설적으로 표현한다.

약간 처진 눈은 때를 기다리며 표정관리를 할 줄 아는 지혜가 들어 있는 눈이다. 사실 내려온 눈은 올라간 눈보다 더 욕심이 많다. 욕심을 드러내지 않고 있다가 기회가 올 때 확실하게 챙기는 눈이다. 눈꼬리는 마음먹기에 따라 변한다. 생각이 비관적이면 아래로 내려가고 긍정적이면 위로 올라간다.

또한 튀어나온 눈의 소유자는 하고 싶은 말도 잘 표현하고 새로운 일을 찾는 데 매우 적극적이다. 아이디어가 번뜩이는 스타일로, 이들은 한 개를 가르치면 두세 개를 알아내며 예민한 관찰력으로 상대의 말이나 행동을 통해 그 사람의 됨됨이나 생각을 읽어내는 능력이 있다.

첫째, 눈맞춤은 전체 대화의 60~70% 정도가 적당하다. 그에 미치지 못하면 상대는 소홀하다고 느낄 수 있고, 넘어서면 불쾌감을 느낄 수 있다. 당연히 낯선 사람일수록 비중을 줄이고 친할수록 늘려나가면 된다.

둘째, 시선 처리를 잘해야 한다. 두 눈이 응시하는 시간뿐만 아니라 시선이 상대방 몸의 어떤 부분을 향하는가 또한 중요하며 이는 협상의 성과에 중요한 영향을 미친다. 이런 신호들은 말이라는 수단을 통하지 않고도 의사전달 능력을 가지며 상대방에게 정확히 이해된다.

셋째, 오감이나 상상을 활용해서 바라본다. 예를 들면 자신의 눈에서 따뜻한 빛이나 향이 흘러나와서 상대방을 에워싸고 있다고 상상하거나 호기심 어린 아이의 눈으로 상대를 바라본다고 생각하면

비즈니스적인 시선
(세일즈맨, 하나라도
더 팔자)

친근한 시선
(다정한 연인끼리의
눈 위치)

사교적인 시선
(가벼운 대화에서의
눈 위치)

더욱 좋다. 호감을 주는 눈맞춤은 '따뜻함과 관심의 눈빛'이기 때문이다.

넷째, 따뜻한 시선에 편안한 미소가 동반되면 200% 시너지가 발휘된다. 턱을 당기고 입꼬리가 약간 올라갈 정도로 엷은 미소를 띠면 좋다.

다섯째, 눈맞춤도 훈련이 필요하다. 좋아하는 사람의 사진을 보거나 가족이나 친한 친구에게 양해를 구하고 2~3분씩 눈맞춤을 연습해보자. "사람과 이야기할 때는 눈을 보라"는 옛말이 있다. 이는 사람들과 의사소통을 할 때 그들의 눈을 바라보는 것을 연습하여 그들의 눈이 말하는 실제 감정을 파악하라는 뜻이다.

성형으로 모든 걸 바꿀 수 있어도 유일하게 눈만큼은 바꿀 수 없다. 눈 안에는 진정성이 담겨 있다. 상대를 알고 싶다면 눈을 보라. 그리고 상대에게 나의 진심을 알리고 싶다면 눈으로 보여주면 된다.

코는 당신의 감정을 흘린다

·——— 코는 거짓말을 알고 있다 ———·

사람과 사람 사이에 시각적·물리적으로 가장 가까운 거리에 있는 신체 부위는 '코'다. 또한 코는 얼굴 중앙에 입체적으로 자리 잡고 있다. 따라서 코는 사람의 인상을 결정짓는 데 가장 강력하며 우선적인 역할을 한다고 해도 과언이 아니다.

코는 얼굴 가운데 위치해 첫인상을 결정짓는 데도 크게 영향을 미친다. 코는 이목구비에서 차지하는 비중이 커서 코의 모양이나 높이가 달라지기만 해도 이미지와 분위기가 달라질 수 있다. 특히 현대사회에서 얼굴에 맞는 적당한 크기의 곧고 오뚝한 코는 사람의 전체적인 이미지를 보다 세련되게 만들어 자신감 있고 지적인 인상을 부각시켜주지만, 작고 낮은 코는 밋밋하고 답답한 인상을 심어주며 얼굴도 더 크게 보이게 한다.

실제로 코가 반듯하고 적당한 높이로 솟아 있으면 자아가 건강하고 지적능력이 좋으며 사고가 바르다는 인상을 준다. 반면 못생긴 코는 보는 이를 안타깝게 하고 기운 빠진 인상을 주게 된다. 그리고 잘생긴 코에서 풍겨지는 강력한 카리스마는 여러 마디 말보다 더욱 큰 힘을 발휘하기도 한다. 힘 있고, 진취적인 인상이 신뢰를 주기 때문이다.

르윈스키 성추문 사건 당시 빌 클린턴 전 대통령은 줄곧 손가락으로 코나 입 주위를 만졌다. 미국의 유명한 물리학자에 의해 창설된 후각 및 미각 치료 연구재단의 보고서에 따르면 의도적으로 하는 거짓말은 카테콜아민을 분비하게 하여 콧속의 조직을 팽창시킨다. 이 연구 결과 거짓말을 하면 코가 미세하게 커진다는 사실이 밝혀졌다. 카테콜아민은 가려움을 유발하는 물질이다.

그러한즉 코를 만지작거리는 사람은 거짓말을 하고 있다는 말이 된다. '피노키오 효과'라고 불리는 이런 현상은 스트레스를 받는 어떤 상황에서든 일어날 수 있다. 갑작스럽게 불안해지면 혈압이 상승하는데 그때 코를 포함한 연한 조직이 팽창되고 따끔따끔하게 피부 통증을 느끼거나 가려워서 무의식중에 자꾸 코를 만지거나 긁적이게 되는 것이다.

상대가 코를 감싸고 눈을 지그시 감는다면 이는 심리적으로 갈등을 하고 있다는 뜻이다. 대화 상대자가 의견을 물었을 때 이런 행동을 계속해서 하고 있다면 어떠한 결정을 몹시 망설이고 있다는 의미로 해석하면 된다.

그리고 상대가 코를 손에 대고 머리를 앞으로 숙인다면 당신의 말을 의심하고 있다는 뜻이다. 상대의 말을 믿지 못하고 의심을 하거나 따져보고 있는 것이므로 논리적으로 설득해야 한다. 또한 회의 중에 누가 코를 찡그린다면 그것은 방금 누군가가 말한 내용에 미심쩍은 구석이 있다고 생각하는 것이다.

누군가를 설득해야 하거나 중요한 회의 중이라면 과도하지 않은 수준에서 코를 치켜들거나 앞으로 내밀어주는 것이 좋다. 당당한 태도가 주장에 설득력을 더하기 때문이다. 이 행동은 자기 영역을 넓히고 모두에게 자신감을 내보이는 뜻이 된다.

·── 소통에 능한 코의 생김새는? ──·

코는 본래 기능인 호흡 이외에도 미적으로도 중요한 역할을 한다. 사람마다 코의 생김새가 다르고 그 모양에 따라 성격과 운도 다르다. 자신의 코의 생김새를 잘 관찰하여 부족한 부분을 보완하면 좋은 기운을 만들 수 있다.

우리는 '콧대가 세다', '콧대가 높다'는 말을 한다. 이 말은 '자존심이 강하다'라는 뜻으로도 해석한다. 마찬가지로 기가 꺾인 모습을 흔히 '코가 납작해졌다'고 말한다. 서양인들은 코가 높아서 개인주의적 성향이 강하고 동양인들은 코가 낮아서 군중심리에 약하다. 코는 자존심의 상징으로 코가 반듯하고 적당한 높이로 솟으면 자아가 건강하고 자신감이 넘치며 신뢰감이 높아진다.

높은 코는 자존심이 강해 남의 위에 서기를 바라는 거만한 성격으로 이상을 앞세우나 현실적인 면에서 일 처리가 능숙치 않다. 총론은 내세워도 구체적인 대책은 수립하지 못하는 성격이다. 반면 코가 작으면 자기 자신보다 남의 생각을 많이 할 수 있다. 사람을 좋아해서 주위에 사람들이 많으니 외롭지 않다. 얼굴에 비해 코가 너무 작으면 온순하게는 보이지만 소심하고 왜소한 성격으로 스스로를 위축하게 한다.

긴 코는 가볍지 않고 신중하며 한 우물을 파는 성격이다. 전략가 스타일로 행동이 필요한 사항을 미리 구상하여 움직인다. 유행에 민감하지 않고, 사적인 면이나 공적인 면에서 보수적인 가치관을 가지고 있다. 반면 코가 짧으면 성격이 급하긴 하지만 순발력이 뛰어나고 변화를 따라잡는 경쟁력이 탁월하며 승부사적 기질이 있다. 애교가 있고 민첩하며 재치와 유머가 있다. 코가 짧으면 주위의 변화에 민감하게 반응하여 여러 우물을 파느라 기회를 놓치기도 한다.

그리고 코끝이 둥근 코는 성격이 원만하고 말도 직접화법으로 하기보다는 상대가 기분 나쁘지 않게 배려하며 말한다. 또한 콧구멍이 크면 사고방식이 개방적이어서 자기감정을 잘 숨기지 못하고 드러내어 손해를 보는 사람이 많다. 성격이 호탕한 것 같지만 의외로 자존심이 강해 체면 깎이는 일은 잘 하지 않는다. 반면 콧구멍이 작은 코는 소심하고 꼼꼼하나 지출이 적어 알뜰하다. 생활력은 강하나 이기적이며 베풀지를 못하고 경계심이 있어 주변에 사람이 없다.

그리고 매부리코는 코의 기운이 남을 정도로 풍부하고 강해 아래로 처지게 된 것이다. 영화배우 신현준과 스티브잡스는 어느 각도에서 보더라도 확실히 각진 매부리코를 갖고 있다. 이와 같은 코의 소유자는 시시비비가 분명하고 군더더기를 용납하지 않는 단단한 성격이다. 남의 의중을 꿰뚫어보는 안목이 발달해 있고 매사에 치밀하고 매몰차기도 하지만 실패를 딛고 다시 일어서는 끈기가 대단하다.

인상학적으로는 눈썹 사이부터 코끝까지 두껍게 쭉 뻗어내리고 탄력 있는 콧방울이 양옆에서 잘 받쳐주는 코가 좋다. 양쪽 콧방울 합이 코끝 동그란 면적과 같으면 좋다. 신나게 웃을 때나 화가 나서 씩씩거릴 때 콧방울이 만들어지는데 웃을지, 화를 낼지는 자신의 몫이다.

얼굴은 무엇이나 그려 넣을 수 있는 캔버스처럼 셀 수 없이 많은 감정을 무한대로 표현할 수 있는 아주 매력적인 부분이다. 우리는 마치 색칠된 유화를 고치듯 얼굴 표정을 자유롭게 조절할 수 있다.

행복과 불행을 담는 입

·── 입 모양으로 거짓말을 가려내라 ──·

　사람은 소리 아닌 말을 통해서 동물과는 차원이 다른 의사소통을 하게 되었다. 입은 우리 몸과 영혼의 통로이다. 입으로 들어가는 음식은 활동에 필요한 영양소를 공급하고, 입으로 나오는 말은 우리의 정신을 보여주는 징표가 된다.

　그런데 하나님은 말할 입을 따로 주지 않고 밥 먹는 입, 키스하는 입과 같이 쓰라고 입을 하나만 주셨다. 왜 그랬을까? 그것은 바로 이것 역시 절제하고 아끼라는 뜻이 아니겠는가? 얼굴에서 입 모양이나 크기를 보는 것도 중요하지만 우리가 무엇을 어떻게 먹는지, 입으로 무슨 말을 하는지가 더 중요하다.

　그런데 사람들은 머리가 커지면서 너무 말이 많아졌고 그 결과 소통이 잘되기보다는 서로에게 상처만 키우고 있다. 말이 많으면 왜 소통보다는 상처가 커지는 걸까? 입술은 우리 얼굴 중에서 가장 풍부하게 감정을 표현하는 부분으로 다양한 표정을 보여주는 열두 개의 독립된 근육을 가지고 있다.

사람은 대화를 할 때 무의식적으로 입가를 본다. 따라서 거짓말을 할 때 무의식적으로 입가를 숨기려고 하는 것이다. 또한 장난으로 거짓말을 할 때 입가를 순간적으로 손으로 숨겨버린다. 진심으로 웃고 있을 때에도 손으로 입을 숨기는 행위는 마음을 숨기고 싶다는 것이다. 이런 사람은 비밀이 있거나 사람과의 관계에 벽을 만들거나 하는 성격인 것으로 분석할 수 있다.

즐거울 때는 입의 양끝이 위로 올라가는 데 반해 화가 났거나 우울한 감정이 들었거나 긴장할 때는 입꼬리가 아래로 내려간다. 이 때문에 거짓말을 할 때 입꼬리가 내려가고 약간의 포물선을 그리는 입 모양이 된다. 역사를 바꾼 세기의 거짓말 가운데 하나로 꼽히는 워터게이트 사건 당시 닉슨은 TV 연설을 하면서 수차례 그런 입 모양을 보였다.

놀랐을 때는 입술을 움직여 입을 벌리고 두려울 때는 입이 수평으로 팽창해 양 귀 쪽으로 벌어진다. 상대방을 업신여기고 경멸할 때는 한쪽 입꼬리가 위로 올라가며, 역겨움을 느끼면 윗입술이 위로 올라간다. 입술을 깨물거나 이를 꽉 무는 표정은 복받쳐오르는 감정 특히 슬픔이나 분노를 참는 것이다.

입술 화장을 예쁘게 하면 여러 가지로 좋아 보인다. 하지만 입에서 나오는 언어들 또는 입으로 들어가는 건강하지 못한 음식들을 생각 없이 뱉고 먹는다면 화를 입는다. 입술 화장 이전에 입을 통해 이루어지는 입술 모양을 잘 관리하자. 그리고 상대의 입에서 나오는 언어와 함께 입술, 입 모양이 주는 진심을 보는 능력을 키워야 한다.

— 진짜 미소, 가짜 미소 —

19세기 프랑스의 신경심리학자 기욤 뒤센은 사람의 인체 중 얼굴의 근육을 지도화한 인물이다. 그는 사람이 웃을 때 광대뼈와 눈꼬리 근처에 사람의 표정을 결정짓는 근육이 있다는 것을 발견했는데, 심리학자 폴 에크만은 여기에 그의 이름을 따서 뒤센 미소(Duchenne Smile)라는 이름을 붙였다.

우리의 얼굴에는 표정을 만들어내는 근육이 42개 있고, 이 근육을 사용해서 만들어낸 표정 중에 19가지가 서로 다른 미소를 만들어낸다고 한다.

진짜 미소는 입꼬리가 말려 올라가고 눈에서는 빛이 나며 눈가에는 주름이 잡히는 웃음으로 얼굴 전체에 영향을 준다. 보톡스를 맞은 사람은 도저히 지을 수 없는 표정이다. 이때 사용하는 근육은 사람이 마음대로 통제하기 어렵기 때문에 뒤센 미소야말로 진짜 행복한 감정을 표현하는 것이다. 이 감정은 뇌의 좌반구가 활성화될 때 느끼는 것으로 긍정적인 감정을 만들어낸다.

이 미소와 정반대되는 미소가 '팬아메리카 미소(Pan-American smile)'이다. 항공기 여승무원들의 억지 미소를 따서 붙인 이름이다. 이 미소는 입 주위의 근육 외에는 거의 사용하지 않는다. 이런 미소는 하위 영장류가 기분이 좋을 때와 놀랐을 때 보여주는 표정과 관련이 있다. 즉 가짜 미소는 뒤센 미소의 얼굴 모습을 인위적으로 흉내 낼 수 없다는 것이다.

조직생활에서 가장 흔하게 볼 수 있는 가짜 미소 중 하나는 '포장형 미소'로 상사가 부하직원을 비판하거나 의견을 퇴짜 놓을 때 사용한다. 그리고 우리는 누구나 직장에서 별로 감정이 느껴지지 않는 사람에게는 가짜 미소를 사용한다. 진짜 미소는 정말로 관심 있는 사람에게만 사용한다.

메릴랜드 대학에서 나온 연구결과에 따르면 10개월 된 아기들은 자기를 귀여워하며 말을 거는 낯선 사람들에게 입을 U자 모양으로 만들어 답하지만 기쁨이 담긴 진짜 미소는 엄마가 다가올 때만 짓는다고 한다. 미소 짓는 사람은 상대방으로 하여금 호감을 불러일으키게 하며 이로써 대화를 자신이 가고자 하는 방향으로 주도권을 쥐고 이끌어나갈 수 있다. 습관은 근육의 기억이라고 하는데 미소 역시 잘 짓기 위해서는 부단한 연습이 필요한 것이다.

얼굴 소통 심리학

── 소통에 능한 입의 생김새는? ──

　인상학에서 입은 큰 바다로 본다. 그래서 입이 작거나 생기가 없
는 사람은 매력이 떨어질 뿐 아니라 인간관계도 원만하지 않다고
보며, 입이 옆으로 틀어진 사람은 진실성이 떨어진다고 본다. 우리
는 흔히 '입은 삐뚤어져도 말은 바로 하자'고 한다. 이 말을 다시 생
각하면 바른 말, 예쁜 말을 해야 입이 반듯해진다고 할 수 있다.

　입의 크기는 야망에 비례하기 때문에 입이 크면 사회적으로도
성공할 수 있다. 거침없이 자기주장을 하기 때문에 대단히 활동적
인 성향이 강하고 비밀을 지킨다거나 무엇을 마음속에 감춰둔다거
나 하는 면에서는 상대적으로 약하다.

　입이 작은 사람은 이기적이어서 남의 일에는 냉담한 편이다. 매
사에 조심이 많아 돌다리도 두들기고 가는 스타일로 추진력이 약하
다. 좀 더 자신감을 가지고 생활할 필요가 있다.

　입이 두툼하면 통이 크고 태평한 성격이다. 때가 되어야 일도 이
뤄진다고 생각하는 스타일이다. 하지만 그냥 두면 성과를 내지 못
하는 경우가 많아 성과에 대한 압박이 필요하다. 하루하루 계획을
세워서 제때 일을 처리하는 습관을 들이면 좋다.

　또한 입술이 두둑하면 입술선이 분명치 않다. 입매가 꽉 조여 있
지 않으면 자기 몫을 챙기기보다는 정을 잘 주는 편이다. 이런 입술
은 돈이든 일이든 매사 분명히 매듭짓지 못하는 성격이지만 까다롭
게 따지지 않으니 깍쟁이가 아니고 맘씨가 좋아 보인다. 입술은 에

너지가 강할수록 밖을 향해 나온다. 화가 났는데 그 기분을 감추려 해도 입술이 말을 하는 것이다.

위아래 입술이 모두 얇은 사람은 냉정하기보다는 계산이 명확하고 분명한 처신을 하려고 한다. 남의 말을 들어주기보다는 본인이 말하기를 좋아한다. 명예와 권력을 중요시하고 모든 일을 정에 이끌리지 않고 냉정하게 판단한다. 화가 났을 때는 입술이 더욱 다물어져 작아 보인다. 두고 보자는 결심이 서 있기 때문에 만만한 분위기가 아니다.

입꼬리가 야무지고 입술선이 뚜렷한 사람은 좋고 싫은 것을 분명하게 이야기한다. 싫은데 일부러 좋은 척하지 않고 매사에 정확하다. 야무지고 매사를 신중하게 생각하므로 감정에 치우치지 않고 스스로를 잘 이끌고 조절하는 타입이다.

입은 많은 근육들로 인해 상하좌우로 움직이기에 용이하게 되어 있다. 그렇기 때문에 입 모양에서 감정이 잘 드러난다. 일시적 기분이 아닌 자신의 기질 속성에 따라 운동된 입 모양으로 성격을 점치는 것도 이 때문이다.

심술이 날 때와 기분이 좋을 때, 슬플 때 등 어떤 성향을 오래 지니고 있다 보면 입 주위 살의 탄력과 모양도 달라진다. 심술이 있는 사람은 불도그처럼 심술보가 생긴다. 입꼬리가 아래로 내려가는 경우는 책임감이나 중압감을 강하게 느끼는 사람이다. 인내하려고 어금니를 지그시 물다보니 턱 근육이 발달해서 입꼬리가 아래로 당겨진 것이다. 웃을 때, 말할 때 입꼬리가 올라가면 성공하고 말년

──── 얼굴 소통 심리학

이 좋다.

"구시화지문(口是禍之門) 설시참신도(舌是斬身刀) 폐구심장설(閉口深藏舌) 안신처처뇌(安身處處牢)"라는 말이 있다. 즉 "입은 화근의 문이요, 혀는 몸을 자르는 칼이라, 입을 다물고 혀를 깊이 간직하면, 몸이 어느 곳에 있든지 편안하리라"는 뜻이다. 또한 "구시화문(口是禍門), 구화지문(口禍之門)"이라는 고사성어가 있다. "입은 재앙이 들어오는 문이요, 입은 화의 근원이라"는 말이다.

모든 화는 입에서부터 나온다. 성경 말씀에도 "입을 지키는 자는 그 생명을 보전하나 입술을 크게 벌리는 자에게는 멸망이 오느니라"라고 되어 있다. 세상만사 화의 근원은 입이라는 사실을 명심하고 입을 잘 지키자. 그리하여 나도 지키고 남도 지키자.

에필로그

타고난 얼굴에 매력을 더하자

마이크로소프트사 빌 게이츠 회장은 "인생은 원래 공평하지 않다"는 말을 하며 많은 사람들에게 자극을 주었다. 세상이 공평하지 않다고 불평하기보다 불공평을 수긍하고 다른 방법을 찾으라는 조언인 셈이다.

빌 게이츠가 말하는 불공평한 것 중 하나는 외모이다. 사실상 미(美)의 기준은 천차만별이지만 절대다수가 좋아하는 미의 기준은 어느 정도 정해져 있다. 태어날 때부터 미의 기준에 부합해서 태어난 사람이 있고, 그 반대로 태어난 사람이 있다. 성형수술이나 몸매 보정 등 후천적인 노력으로 미의 기준에 다가갈 수 있지만, 태어날 때부터 이미 가지고 태어난 사람이 부러운 건 어쩔 수 없다.

타고난 외모가 미치는 영향에 대해 미국에서 재미있는 실험을 한 바 있다. 유치원 아이들에게 두 여성의 사진을 보여주었다. 한 명은 아름다운 미소와 건강미가 넘친 표정의 사진이고, 다른 한 명은 불만이 가득한 얼굴의 사진이었다. 아이들에게 누가 더 사회적으로 영향력이 있을지 물었다. 정해진 정답처럼 모두가 아름다운 미소와 건강미가 있는 여성의 사진을 골랐다. 그런데 여기서 반전이 일어난다. 절대다수의 유치원 아이들이 고른 여성은 살인이라는 큰 범죄를 저지른 범법자였다. 반대로 불만이 가득한 얼굴을 가진 여성은 미국 최초 여성 국무부 장관인 매들린 올브라이트였다.

일반적 미의 기준으로 볼 때 매들린 올브라이트는 유치원 아이들에게 호감이 가지 않는 사람이다. 하지만 매들린 올브라이트의 실체를 알았다면 이야기는 달라지지 않았을까? 미의 기준이 아니라 그녀가 가진 영향력이나 통찰력을 배우고 싶어 많은 사람이 몰려들 것이다. 국무장관은 어려운 결정을 수없이 해야 하는 직업이다. 생각이 많고 고뇌가 많으니 그것이 얼굴에 나타날 수밖에 없다. 따라서 그녀에게 적용되는 미의 기준은 일반적인 미의 기준이어서는 안 된다. 매들린 올브라이트는 자기만의 얼굴을 가지고 소통하고 싶은 사람인 셈이다.

유치원 아이들은 물론 상대에 대한 지식이 없는 어른들도 수려한 외모를 가진 사람을 좋아하는 건 마찬가지로 당연하다. 인간의 본능인 셈이다. 하지만 본능이 전부는 아니다. 처음 사람을 만날 때 외모에 호감이 갈 수 있지만 만남의 횟수가 늘면서 그 사람의 다른 모습을 볼 수 있다. 청순한 외모를 가진 누군가가 입에서는 연일 욕을 달고 산다면 어떨까? 돌격장군 같은 외모이지만 넘치는 교양으로 대화를 주도하는 사람은 어떨까?

우리는 갖지 못한 걸 부러워하기보다 타고난 장점을 더욱 살려야 한다. 돌격장군 같은 외모에 넘치는 교양으로 대화를 한다면 반전 매력이 될 수 있다.

사람은 자기가 가진 고유의 매력이 있고, 그것을 담아내는 곳이 얼굴이다. 얼굴은 커뮤니케이션 잠재력이 가장 많은 부분이며 우리의 감정을 가장 많이 나타내는 신체 부위이다. 또한 얼굴은 사람들과의 관계에서 태도를 반영하고, 다른 사람의 말에 비언어적 피드백을 제공하기도 하며, 말 다음으로 가장 중요한 정보원이기도 하다.

얼굴은 외모는 물론 머리(두뇌), 입(언어), 눈빛(진정성) 등 나의 모든 걸 표출하는 수단이다. 세상은 공평치 않고 외모도 공평치 않게 태어났다. 불평을 하기보다 나만의 얼굴로 소통하기 좋은 사람이 되는 방법을 고민하는 게 더 현명하다. 타고난 외모를 떠나 내가 가진 얼굴로 소통을 잘하는 사람에게는 4가지 공통점을 발견할 수 있다.

첫 번째는 청결이다. 청결은 소통하고 싶은 사람의 기본 중 기본이다. 수려한 외모를 가졌다 해도 와이셔츠에 어제 회식자리에서 묻힌 김치 국물이 남아 있다면 신경이 쓰여 소통하기 싫어진다.

두 번째는 경청이다. 소통은 듣는 귀가 있어야 한다. 내 이야기, 내 사연, 내 말만 하는 사람과 소통하고 싶은 사람은 없다. 타고난 외모가 있어도 내 말만 하는 사람은 상대방을 질리게 한다.

세 번째는 자기공개다. 소통은 공감 속에서 시작된다. 나를 밝히

────── 얼굴 소통 심리학

지 않은 상태에서는 상대방도 자신을 밝히기 싫어한다. 때에 따라 나의 단점도 공개해야 서로의 마음을 열 수 있다.

네 번째는 교양이다. 교양은 소통의 수준을 결정하고 그 사람의 수준을 결정하는 중요한 요소이다. 교양을 표현하는 건 평소의 말과 행동이다.

이 4가지 중 가장 중요한 요소를 뽑으라면 교양을 뽑고 싶다. 교양의 사전적 정의는 "인간의 정신능력을 일정한 문화이상에 입각, 개발하여 원만한 인격을 배양해가는 노력과 그 성과"이다. 아무리 돈이 많고 수려한 외모가 있어도 인격을 무시하는 수준의 말과 행동, 보편적 문화를 무시하고 제멋대로 행동하는 태도를 가진 사람과 소통하기는 싫다. 반대로 만나면 그로부터 에너지를 받거나 새로운 아이디어를 얻고, 나를 존중한다는 느낌을 받는다면 소통은 물론 큰 호감을 느낄 수 있다. 즉 그는 다시 만나고 싶은 사람인 셈이다.

인류 이야기문학의 보고인 『천일야화』는 외모가 아닌 고유의 매력과 소통에 대한 지혜를 주는 책이기도 하다.

인자한 페르시아의 왕 샤흐리야르는 자신의 왕비가 흑인 노예와 정분이 통한 사실을 목격하고 크게 분노한다. 샤흐리야르 왕은 왕비와 흑인 노예를 죽이고 병적인 여성편력을 드러낸다. 샤흐리야르는 매일 한 명씩 처녀들을 부인으로 맞아들였고, 다음날이면 어김없이 신부를 죽였다. 그 기간이 무려 3년이었다. 더 이상 지켜볼 수 없었던 신하가 자기 딸 셰에라자드를 왕에게 보낸다. 셰에라자드는 현명한 여인이었고, 왕의 속사정을 알고 있었다.

첫날 밤, 셰에라자드는 왕 앞에서 펑펑 운다. 왕이 이유를 묻자 동생 두냐자드가 보고 싶다는 것이다. 왕은 동생을 데려오게 하고 두냐자드는 어릴 적부터 들어온 옛날이야기를 해달라고 한다. 셰에라자드는 동생에게 옛날이야기를 해주게 된다. 방안에는 왕도 있었다.

현명한 셰에라자드는 이야기의 절정 때 멈추었다. 그리고 다음날 이야기해주겠다고 말한다. 이야기가 더 듣고 싶었던 왕 샤흐리야르는 자매를 살려둔다. 그리고 셰에라자드는 세상의 모든 이야기를 풀어내며 1001일 동안 이야기를 펼친다. 그 사이 세 명의 아들이 태어났고, 셰에라자드는 왕비가 된다. 셰에라자드의 1001개 이야기를 기록한 것이 『천일야화』이다.

만약 셰에라자드가 보통의 남성들이 좋아하는 신체적 매력으로 왕에게 접근했다면 결과는 누구나 알 수 있다. 신체적 매력 말고 다른 매력이 있었기에 소통하고 살아남을 수 있었던 것이다.

물론 『천일야화』의 탄생배경은 허구이지만 외모가 아닌 다른 매력으로 소통하고 호감을 줄 수 있다는 사실을 일깨운다는 점에서 매우 가치 있는 이야기라 하겠다. 이처럼 외모를 넘어 그 사람이 가진 매력 때문에 그 사람과의 다음 만남을 기대하게 된다면 그는 충분히 끌리는 사람이 아니겠는가.

우리가 가진 얼굴은 천차만별이다. 그 안에 담긴 매력 역시 천차만별이며, 우리는 모두 자신만의 매력으로 소통하고 싶은 사람이 될 수 있다. 그러니 이제부터는 타고난 얼굴이 아닌 후천적으로 만들어낼 수 있는 나만의 매력으로 소통하자. 누구에게나 매력은 충분하다.

참고문헌

주선희(2004) 東西洋 人相學 硏究의 比較와 人相管理에 대한 社會學的 考察

토니야 레이맨(2009), 『왜 그녀는 다리를 꼬았을까』, 21세기북스

윤광희(2009), 『채용면접기술』, (주)중앙경제

신기원(2010), 『신기원의 꼴 관상학』, 위즈덤하우스

캐럴 킨제이 고먼(2011), 『몸짓 언어 완벽 가이드』, 날다

고미숙(2013), 『몸과 인문학』, 북드라망

데이비드 페렛(2014), 『끌리는 얼굴은 무엇이 다른가』, 엘도라도

황세란(2015), 『얼굴에 다 있다』, 예문사

유영만·오세진(2015), 『커뮤니데아』, 새로운제안

엄태범(2015), 『얼굴에 숨겨진 7가지 비밀』, 책넝쿨

오기자(2015), 『사상체질 커뮤니케이션』, 미래지식

김서원(2015), 『끌리는 얼굴에 숨겨진 비밀 페이스 리딩』, 다연

퀴니(2018), 『셀프얼굴수정』, 동학사

김현남(2018), 『음양오행으로 인간관계를 읽다』, 나들목

─── 얼굴 소통 심리학

오행으로 읽는
얼굴 소통 심리학

1판 1쇄 발행 2019년 3월 15일

지은이   김서원
펴낸이   한승수
펴낸곳   문예춘추사
마케팅   박건원
디자인   이유진

등록번호   제300-1994-16
등록일자   1994년 1월 24일
주소   서울시 마포구 동교로27길 53 지남빌딩 309호
전화   02-338-0084
팩스   02-338-0087
이메일   moonchusa@naver.com

ISBN   978-89-7604-380-1 03320